KB208574

인생의 사계절

인생의 사계절

폴 투르니에 지음 ㅣ 박명준 옮김

아바서원

인생의
사계절

THE SEASONS OF LIFE

CONTENTS

6
• 7

본문 사진

ⓒ 국효숙 53–54, 61, 69–70쪽
ⓒ 박명준 17, 31–32, 64쪽
ⓒ 정성수 7–8, 12, 22, 40–41, 51, 79, 94, 101–102, 114–115쪽

CHAPTER 1

인생의
사계절

지난해(1959년) 독일에서 "인생의 사계절"이란 제목으로 강연해 달라는 요청을 받았었습니다. 저는 그런 주제로 강연을 준비할 때면 언제나 아내와 친구들 그리고 제가 돌보는 환자들과 이야기를 나눕니다. 대화를 하다 보면 생각이 명료해지고 정리가 되기 때문입니다. 저는 사람들에게 인생에서 중요한 것이 무엇인지 묻고, 그것에 대해 생각해 보라고 권하며, 그들이 개인적으로 확신하는 것이 무엇인지 살펴서 그것을 자신의 말로 분명히 표현하도록 해줍니다. 이런 일은 사람들에게 도움을 줍니다.

이 같은 대화 과정에서 저는 한 아가씨와 이야기를 나누게 되었습니다. 그녀는 큰 소리로 이렇게 말하더군요. "정말 그 주제로 강연하실 거예요? 지나치게 낭만적이지 않나요! 우선 비유가 잘못되었어요. 자연에서 사계절이라 하면, 겨울이 가고 봄날이 오듯 끝없이 반복되는 순환을 말하잖아요. 하지만 인간의 일생을 사계절에 빗대면, 죽음으로 끝을 맺는 단 한 번의 과정을 말하는 것 같지 않나요?"

그녀는 잠시 말을 끊었다가 이렇게 덧붙였습니다. "하지만 그보다 중요한 건, 냉혹하고 폐쇄적인 자연계의 순환에 인간의 일생을 빗대어 표현하는 것이 선생님의 인간관에 맞지 않는다는 거예요. 선생님의 관점은 그렇지 않잖아요! 인간은 자연계와 달라서 가을에도 봄날을 맞이할 수 있다는 초자연적인 면이 선생님 메시지에는 있어요."

그렇습니다. 인간은 가을에도 봄날을 맞이할 수 있습니다! 이것이야말로 인간을 구분해 주는 특징입니다. 이 말을 하고 보니 한 교수가 생각납니다. 그는 여든 살이 넘어 신앙을 갖게 되었는데, 항상 "저는 그저 어린아이예요. 제 인생은 이제 시작되었거든요!" 하는 말을 입에 달고 다녔습니다. 그는 자랄 때 가정 교육을 엄격하게 받았으나 종교적 신념 같은 것은 없었습니다. 그러다가 전혀 예기치 않은 방법으로 주님을 만나게 되었습니다. 그는 주님께 사로잡혀 자신의 온 삶을 그분께 의탁했습니다. 그러자 인생 전체가 송두리째 바뀐 듯이 보였습니다. 진리의 빛 아래서 자신의 인생을 새롭게 보게 되었기 때문입니다. 그래서 기회 있을 때마다 "저는 그저 어린아이예요!"라는 말을 되풀이했던 것입니다.

실제로 그는 마음만 젊어진 게 아니라 몸도 젊어졌습니다. 하나님의 은총은 전인全人 속에 속속들이 스며듭니다. 은총은 영적인 변화를 가져올 뿐만 아니라 신체 기관의 생리 현상까지 바꿔 놓습니다. 그렇지만 자신을 '어린아이'라고 표현하는 것은 좀 지나치지 않나 싶습니다. 그는 이미 여든이 넘은 노인임에 틀림없으며, 아무리 젊어진 것 같다 하더라도 자신이 여든 넘은 노인임을 늘 염두에 두고 살아야 하기 때문입니다.

인간은 가을에도 봄날을 맞이할 수 있습니다!
이것이야말로 인간을 구분해 주는 특징입니다.

그뿐만 아니라 살아온 시간과 그동안에 쌓은 경험들을 모조리 지워 버릴 수는 없기 때문입니다. 다만 그는 새로운 빛 아래서 자신의 인생을 보게 된 것이며, 그 빛이 그가 지금까지 살아온 모든 세월에 새로운 의미를 부여해 주었을 따름입니다. 하나님의 기적이라 하더라도 인간의 삶을 위해 하나님께서 만들어 두신 자연 질서에서 우리를 벗어나게 해주지는 않습니다.

토마스 아퀴나스는 "은총은 자연을 폐기하지 않는다*gratia non tollit naturam*"라는 유명한 말로 이 사실을 표현한 바 있습니다. 참으로 은총은 자연을 폐기하지 않습니다. 인간은 하나님의 뜻에 따라 자연계에 속한 존재이기에, 아무리 심오한 영적 체험을 한다 하더라도 자연 상태에서 벗어날 수 없습니다. 천지창조 이야기에서 이 점을 분명하게 엿볼 수 있습니다. 인간은 특별하게 창조된 피조물이며, 그로 인해 인간은 동물과는 근본적으로 구별되는 존재가 되었습니다. 그렇지만 인간의 창조 역시 자연 전체의 창조에 속합니다. 그럼에도 인간은 하나님께서 가장 마지막에 만드신 피조물로서 하나님의 작품입니다. 엄밀히 말하면, 남자보다 나중에 만들어진 마지막 피조물, 여자가 자연의 정점인 것입니다.

　모든 성경은 인간이 자연의 일부라는 점을 보여 줍니다. 인간은 양심과 이성 둘 다를 가진 존재로서, 이 세계와 객관적 거리를 두고 떨어져 그것을 바라보고 과학적으로 연구도 할 수 있고 신앙의 눈으로 찬양도 할 수 있는 존재입니다. 하지만 인간은 여전히 이 세계의 일부로 존재합니다. 아무리 많은 지식을 쌓고 담대한 믿음을 가졌다 해도, 인간은 자연에서 벗어날 수 없습니다. 시편 기자는 자연에 드러난 하나님의 솜씨를 찬양한 뒤 곧이어 자연 가운데 가장 경이로운 것이 인간이라고 선언합니다. 이후 그는 인간이 열매를 맺기 위해서는 하늘의 생명을 자기 안에 받아들여야 한다고 말합니다. 그리스도께서 사람을 나무에 비유하신 말씀도 그렇습니다. 그 모든 말씀이 자연을 떠나서는 인간이 살 수 없음을 강조하고 있습니다.

이처럼 성경의 입장에서 볼 때, 성령뿐만 아니라 인간의 신체 현상을 좌우하는 활력도, 인간의 심리를 움직이는 충동 libido도 하나님이 주시는 생명의 수액입니다. 인간은 자연의 일부이기에 자연의 법칙과 힘의 지배를 받습니다. 그렇지만 인간은 "하나님의 형상대로" 지음 받았다는 점에서, 다시 말해 자연적인 존재이자 영적인 존재로 만들어졌다는 점에서 동물과 확연히 구별됩니다. 굳이 신앙의 눈으로 보지 않더라도, 인간은 자연 세계와 초자연 세계, 이 두 세계에 동시에 속해 있습니다. 그로 인해 인간은 영원한 신비를 덧입게 됩니다. 때로 인간이 그토록 이율배반적인 모습을 보이고, 극단적인 선과 악이 한 사람 안에 존재하는 것도 이런 이유로 설명할 수 있습니다.

우리는 자연 법칙에 따른 인간의 발달에 대해서는 어느 정도 예측할 수 있으나 그 밖의 영역에 대해서는 예측하기가 어렵습니다. 인간은 영적 영역에서 일어나는 사건들로 인해 비약적인 성장을 하는 경우가 있습니다. 좋은 쪽이든 나쁜 쪽이

든 혹은 양쪽 모두이든, 인간에게는 항상 그처럼 뜻밖의 사건
들이 일어납니다. 이를테면, 여든이 넘은 나이에도 자신이 어
린아이 같다고 생각하는 제 교수 친구처럼 말입니다. 다른 예
를 들자면, 사무엘과 다윗을 얘기할 수 있습니다. 그들은 어릴
때 이미 어른보다 성숙한 모습을 보여 주었습니다. 그래서 하
나님께서 그들에게 말씀하셨던 것입니다. 또 다른 예로는, 예
수께서 주목해 보신 아이들이 있습니다. 예수께서는 그분의
말씀을 조금도 알아듣지 못한 나이 든 신학자들보다 어린아이
들이 하나님 나라에 더 가깝다고 분명히 이야기하셨습니다.

따라서 인간을 연구할 때 우리는 항상 두 가지 위험에 노출
되어 있습니다. 하나는 인간을 순전히 자연적인 존재로만 보
는 것으로, 이 경우 인간의 자연적인 성장에 끊임없이 영향을
주는 영적 영역을 놓칠 수 있습니다. 다른 위험은 처음에 언
급했던 젊은 여인처럼 인간을 영적인 존재로만 보는 것으로,
이 경우에는 자연적 존재인 인간의 삶을 간과할 수 있습니다.
의사들은 병을 치료하는 과정에서 환자들의 자연적인 면만을

인간은 자연의 일부이기에 자연의
법칙과 힘의 지배를 받습니다.
그렇지만 인간은 "하나님의 형상대로"
지음 받았다는 점에서,
다시 말해 자연적인 존재이자 영적인 존재로
만들어졌다는 점에서 동물과 확연히 구별됩니다.

보게 됩니다. 그들은 영적인 영역이 건강에 미치는 영향을 무시한 채 수의사가 동물을 대하는 것처럼 환자를 대합니다. 정반대로, 의학적 치료를 아예 백안시하는 영적 치료자들도 있습니다. 이들은 하나님께서 인간을 자연의 일부로 만드셔서 자연 법칙 아래 있게 하셨고, 사람을 자연적인 방법을 통해 치유되도록 만드셨다는 사실을 망각합니다.

　인간에 대한 연구가 무척 흥미로우면서도 까다로운 이유는 인간이 두 세계, 즉 자연 세계와 초자연 세계에 동시에 속해 있기 때문입니다. 저는 '동시에'를 강조하고 싶습니다. 흔히 사람들은 자연과 초자연을 구분해서 이야기하는데, 이는 인위적이면서도 추상적이며 지극히 관념적인 구분일 뿐입니다. 인간에게 자연적인 삶이 따로 있고 초자연적인 삶이 따로 있는 것이 아닙니다. 오직 하나의 삶, 현실의 삶이 있을 뿐입니다. 마찬가지로 두 개의 역사가 있는 것도 아닙니다. 인간은 매 순간 단 하나의 현실을 살아갈 뿐입니다.

　그러므로 자연과 영혼 사이에 그어진 경계를 찾으려는 노력은 헛될 수밖에 없습니다. 자연과 영혼은 하나로 합쳐져 있기에, 모든 면에서 완벽하게 포개져 있기에, 그 둘 사이의 경계를 정하기란 불가능합니다. 수많은 사건과 현상들이 한데 어우러져 한 사람의 인생을 형성합니다. 우리는 똑같은 인생의 사건들 속에서 자연주의자처럼 인과관계의 전개만을 읽을 수도 있고, 조르주 귀스도르프(실존주의 입장에서 철학을 인간학으로 수립한 프랑스 철학자)의 표현처럼 그 사건들을 "다시 읽음"으로써 그 속에 펼쳐진 영적인 의미를 읽어 낼 수도 있습니다. 영적 생활은 예외적인 몇 가지 사건만을 뜻하지 않습니다. 그것은 인생 전체와 연관되어 인생 전체에 의미를 부여합니다. 인생이 뜻 모를 사건의 연속이라면 인생은 무의미합니다. 몸과 영 사이의 경계를 찾으려 할 때 우리는 그와 같은 난관에 부딪히게 됩니다. 몸과 영혼이라는 구분 자체가 관념의 산물이요 추상적인 개념에 불과합니다. 온전한 몸인 동시에 온전한 영혼인 인간이 있을 뿐입니다.

  그럼에도 인간이 자연 세계와 영적 세계라는 두 세계에 동시에 속해 있다는 이중성은 여전히 우리가 헤아릴 수 없는 신비입니다. 자연 현상 속에 영적인 의미가 담겨 있는 이유, 자연 속에 초자연이 현존하는 까닭을 우리는 다 헤아리지 못합니다. 이 두 세계는 필연적으로 서로 대립하는 듯 보이고, 철학자들이 표현한 대로 지상의 인간은 본성과 영적 생활 사이에서 끝없는 긴장 관계 가운데 사는 것처럼 보입니다. 우리의 지성은 인간 삶의 이 두 측면을 어떻게든 조화시켜 줄 개념을 찾고 있습니다.

저는 이 두 측면을 조화시켜 줄 개념으로 성경이 제시하는 '하나님의 뜻'이라는 개념보다 만족스러운 대답을 아직 찾지 못했습니다. 성경적 입장에서 볼 때, 하나님의 보편적인 뜻이 세계 역사에 의미를 부여해 줍니다. 철학자와 신학자의 역할은 그 뜻을 찾아내 드러내는 것입니다. 그런데 저와 같은 의사들의 관심을 끄는 것은, 하나님의 뜻이 일반적이고 보편적일 뿐만 아니라 개인적이고 구체적이라는 점입니다. 하나님은 한 사람 한 사람을 향한 뜻을 갖고 계신데, 우리 인생에서 벌어지는 모든 사건이 각 사람을 향한 그 뜻과 연결되어 의미를 갖습니다. 하나님이 주시는 영감뿐만 아니라 자연과 본성도 그분의 뜻과 연결되어 있습니다. 하나님은 우리를 직접 부르심으로써 우리를 인도하시지만 자연을 통해서도 이끄십니다. 초자연적인 방법만 아니라 자연적인 방법으로도 그분의 뜻을 이루어 가십니다.

이렇게 볼 때, 우리가 머리로 구별 지어 서로 대립한다고 생각했던 자연과 영혼은 하나님의 뜻이라는 개념 안에서 하나가 되어 조화를 이룹니다. 하나님은 자연을 다스리십니다. 그분 뜻대로 자연을 움직이십니다. 그런데 하나님은 자연뿐만 아니라 인간도 다스리십니다! 인간의 자연적 삶뿐만 아니라 인간의 삶 전체를 다스리십니다. 다시 말해, 하나님은 인간의 본성과 자연적 삶을 넘어서 인간의 모든 면을 다스리고 계십니다. 그러므로 우리는 인간을 연구할 때 몸과 영혼, 자연과 영 같은 추상적 개념이 아니라 인간의 참모습, 구체적이고 개별적인 인간의 삶에 관심을 기울여야 합니다. 그의 인생사, 미

인간에게 자연적인 삶이 따로 있고
초자연적인 삶이 따로 있는 것이 아닙니다.
오직 하나의 삶,
현실의 삶이 있을 뿐입니다.

래를 향해 나아가는 그의 부단한 모습에 주의를 모아야 하는 것입니다. 그의 인생 이야기 속에서 하나님의 뜻이 이루어지기 때문입니다. 이것이 "인생의 사계절"이란 제목이 암시하는 바입니다. 움직이는 인간, 부단히 변화하는 인간, 태어나서 죽을 때까지 자기 인생을 살아가는 인간을 말하는 것입니다. 이런 변화가 인생에 의미를 부여해 줍니다.

인간을 연구하는 학문의 연구 방식은 오랫동안 큰 변화가 없었습니다. 실은 변화는 고사하고 인간을 시간과 공간으로부터 떼어낸 상태에서 연구했습니다. 인간을 연구하기 위해 인간 역사의 과정을 정지시켜 버리고 인간을 일정한 순간에 고정시키려 했습니다. 그러고는 인간을 사회 환경이나 생활 환경에서도 분리해 버렸습니다. 더 심하게는 신체 기관과 그 기능까지도 따로 떼어놓고 보았습니다. 물론 이러한 분석적 방법이 큰 성과를 거두었다는 점은 인정해야 할 것입니다. 그렇지만 정확성은 얻었을지언정 인간 자체에 대한 총체적 시각과 이해는 잃었습니다. 사정이 이렇다 보니, 인간에 대한 방

대한 양의 세부 지식은 갖게 되었지만 정작 인간이란 어떤 존재인가 하는 질문에 대해서는 마땅한 대답을 가지고 있지 못합니다. 우리는 인간의 의미를 상실하고 있지만 우리가 가지고 있는 인간에 관한 세부 지식들이 답이 되지 못한다는 사실을 이제 깨닫기 시작했습니다.

지난 세기 동안 과학은 변화와 생성의 중요성을 재발견하는 방향으로 진행되어 왔습니다. 그 시작은 고생물학이었습니다. 고생물학은 선사 시대 인간의 기나긴 발달 과정을 연구함으로써 인간을 이해하려는 학문입니다. 이 고생물학의 역사 방법론을 사회학이 받아들였습니다. 이제 사람들은 현재를 설명할 때 과거의 원인을 가지고 설명하려 합니다. 19세기의 심리학을 잠시 살펴보면 이렇습니다. 당시에 심리학은 상상력과 의지와 이성을 "영혼의 기능"이라 기술했습니다. 이런 기술 방식은 유동하는 현재의 삶과 분리된, 실제로 존재하지 않는 것을 분석하려는 추상적이고 이론적인 기술에 불과했습니다. 의지가 결핍된 사람에 대해서는 "의지 박약"이라고 해석해 버렸는데, 이런 방식은 사실 아무것도 설명해 주지 못합니다. 그 같은 증상을 낳게 한 원인이 무엇인지 묻지 않았기 때문입니다.

지그문트 프로이트의 가장 큰 공은 역동적 심리학을 창설한 것입니다. 역동적 심리학이란 인간의 마음속에는 여러 가지 강한 힘들이 작용하는데, 이 힘들이 서로 갈등하며 빚어내는 결과들이 인간의 행동을 결정한다고 보는 이론입니다. 이렇게 프로이트를 거치면서 인생은 성장하는 것이며, 과거와 현재와 미래는 서로 관련이 있고, 인간은 이 계절에서 저 계절로 끊임없이 변화해 간다는 사실을 재발견하게 되었습니다. 어느 한 사람의 현재 모습을 설명할 때 지금까지 그가 경험한 사건들과 그의 현재 나이에 맞는 욕구를 가지고 설명할 수 있게 된 것입니다.

프로이트가 등장하기까지는 어린아이를 어른의 축소판으로 보았습니다. 마치 봄철을 여름의 축소판으로 본 것처럼 말이죠. 하지만 아이도 독자적인 심리를 가지고 있다는 사실이

밝혀졌습니다. 따라서 성인의 관점에서 아이를 가르치려고 하기보다는 아이의 심리를 배워야 합니다. 이 혁명적인 전환은 광범위한 영향을 주었습니다. 현대 심리학의 모든 영역을 재편했고, 심지어 프로이트에 반대하던 심리학에까지 영향을 주었습니다. 이후로는 어느 한 순간을 기준으로 인간을 연구하는 것이 아니라 전 생애에 걸쳐 부단히 발전하는 존재로 보고 연구하게 되었습니다. 인간의 재능에 대한 학문적 논의는 흥미를 끌지 못할 정도로 시들해졌고, 그 대신 그가 살아오면서 실제로 경험한 일들, 즉 인생의 여러 사건과 결정적인 경험, 주관적으로 지각된 내적 인상 같은 것들이 중요해졌습니다.

그 후에 마르틴 부버가 등장했습니다. 부버는 인간에게 최고의 경험이 되는 타인과의 만남을 강조했습니다. 그가 말하는 만남이란 단순히 인간 전체와의 만남이 아니라, "너"라고 하는 상대와 인격적 관계를 맺을 수 있는 특별한 만남을 의미합니다. 이런 만남은 변화를 촉진하는 움직임이자 내적 반향

을 일으키는 사건입니다. 이제 인간은 더 이상 고립된 존재가
아니라 끊임없이 변화하는 사회 공동체의 일원으로, 부단히
자신을 형성해 가는 존재로 바라보고 연구할 대상입니다.

　마지막으로, 오늘날의 현상학적 심리학은 인간을 "상황 속
의" 존재로 간주합니다. 현상학적 심리학은 어떻게 인간이 세
상에 적응하고, 일과 놀이와 타인 속에 자신을 투영하며, 상황
을 수용하는지를 보여 줍니다. 인생의 현재성, 한없이 복잡하
지만 부단히 변화하는 존재의 단면이 바로 현재임을 재발견
한 것입니다. 오늘날 인간은 하나의 역사, 개인으로서 하나의
역사입니다.

　이처럼 과학은 간격을 줄이면서 성경의 관점 가까이로 다
가왔습니다. 성경 어디에도 인간을 추상적으로나 교리적으로
다루는 부분은 없습니다. 성경은 사람들의 이야기를 들려줍
니다. 한 사람의 이야기가 아니라 여러 사람의 이야기 말입니
다. 중요한 것은 사람들의 인생 어느 순간에 일어나는 사건입
니다. 성경이 보여 주는 인간은, 인생을 살아가되 갈등의 한복

판에서 힘과 열정에 사로잡혀 행동하는 인간입니다. 그들은 타인과 만나는 인간이며, 그 어떤 만남보다 인격적인 하나님과의 만남을 경험하는 인간입니다. 그들이 만나는 하나님은 철학자들의 말처럼 멀리 떨어져 있는, 무한한 부동不動의 신이 아닙니다. 그분은 살아 계셔서 행동하시고 응답하시는 하나님, 세계의 역사와 개인의 역사에 모두 간섭하시는 하나님입니다.

역사라는 말은 어떤 목적이 있음을 전제합니다. 우리는 인간이 변화하는 존재이며 인생에서 벌어지는 모든 사건이 과거 및 미래와 연결되어 있음을 재발견할 때에야 인간이 어떤 존재인지도 재발견하게 됩니다. 또한 역사의 시계를 정지한 상태에서 인간을 따로 떼어내 연구할 때에는 결코 파악할 수 없던 의미도 그때 비로소 깨닫게 됩니다. 인생의 어느 순간도 그 순간으로는 의미가 없습니다. 인생의 의미는 그러한 순간들이 이어져 연결될 때 발견되는 것입니다. 연속된 순간들은 차츰차츰 인간을 변화시키고 성장의 길로 나아가게 해줍니다. 따라서 인간의 운명은 인생 가운데 벌어지는 각각의 사건들 속에 지금 결정되고 있는 것입니다.

인간은 변화될 수 있습니다. 과학도 이 점에서 성경과 의견을 같이합니다. 심리치료가 인간을 치유할 수 있다는 것은 인간을 변화시킬 수 있다는 뜻입니다. 심리치료는 인간의 성장에 변화를 가져올 수 있다는 새로운 결정론을 작동시켰습니다. 이제 인간은 과거의 유산이던 무의식의 충동에서 벗어나 새로운 자유의 길로 나아갈 수 있게 되었습니다. 성경 속의 사람들 역시 변화되었습니다. 변화는 성경 인물들의 이야기에서 가장 주목해서 보아야 하는 특징입니다. 그들은 사건에 직면하고, 타인과 만나고, 하나님을 만나면서 삶이 바뀌었습니다. 삶이 변화되었기에 인생의 목적을 이룰 것이 더욱 확실해집니다. 그들은 한결 높은 수준의 자유를 얻었고 자기 삶의 의미를 발견했습니다.

성경의 입장에서 보든 현대 과학의 입장에서 보든, 우리는 추상적이고 일반화된 한 사람을 만나는 것이 아니라 구체적이고 개인적인 사람들을 만나게 됩니다. 그들은 언제나 '상황 속에' 있는 존재이며, 세계와 타인 및 하나님과 관계를 맺고 있습니다. 그들은 끊임없이 변화합니다. 이 변화는 계절의 변화, 곧 인생의 단계들로 이루어지며, 각 단계마다 고유한 특징과 법칙이 있습니다. 사춘기, 갱년기, 죽음의 엄습 같은 위기의 시기는 인생의 계절 변화를 알려 주는 표지입니다. 이런 발전은 대개 정상적으로 진행되지만, 때로 외부의 간섭을 받아 촉진되거나 지연되기도 합니다. 요즈음은 조숙한 청년들이 점점 많이 보이는데, 이들은 우리가 스무 살 무렵 경험한 일들을 열다섯 살에 이미 경험하고 있습니다. 그리고 스무 살이 되어서는 벌써부터 꿈을 잃고 환멸에 빠지는 온갖 표지를 보여 주기도 합니다.

CHAPTER 2 봄에서
여름으로

❋

☀

◈

❄

현대 심리학의 연구는 아이에서 어른으로 넘어가는 단계에 집중해 있습니다. 한 사람이 유년기에서 성인기로 넘어가는 발전 단계에 관한 프로이트의 이론 전체를 여기서 언급하지는 않겠습니다. 하지만 프로이트가 결론적으로 제시한 사실만은 짚고 넘어가야겠습니다. 그것은 각 성장의 단계마다 특유의 욕구와 충동이 있으며, 그 욕구와 충동은 그 단계에서 "해소"되어야만 한다는 것입니다. 다시 말하면, 각 단계의 욕구와 충동이 충족되어야 다음 단계의 욕구와 충동이 나타난다는 것입니다. 한 단계에서 정상적인 것으로 받아들여지던 욕구와 충동이지만 그것이 다음 단계에서는 더 이상 정상적인 것으로 받아들여지지 않습니다. 이처럼 어른이 되어서도 아이의 특징이 남아 있는 상태를 "유치 잔존infantile inclusions"이라고 합니다.

도덕적인 면에서 아이의 특징은 부모에게 의존하는 것입니다. 아이의 입장에서 도덕적 선이란 부모의 인정을 받는 것으로, 부모의 웃음과 애정을 얻을 수 있는 행동을 말합니다. 반면에 악은 부모가 금지하는 것으로, 부모를 화나게 만드는 행동을 뜻합니다. 아이의 죄책감은 부모의 사랑을 잃을지 모른다는 두려움에서 생겨납니다. 반면 성인기의 특징은 도덕적 자율성입니다. 이 도덕적 자율성은 자신에게 영향을 주는 심리적 기제를 자각할수록 커지는 경향이 있습니다.

프로이트 이론은 한마디로 유년기의 심리 기제에서 벗어나 충만한 인생을 사는 성인이 되도록 해주는 것입니다. 하지만 그러한 변화는 결코 쉽게 일어나지 않으며 온전히 이루어 낸 사람도 없습니다. 유치 잔존으로부터 완전히 자유롭기란 불가능하며, 아무리 탁월한 정신분석가일지라도 예외가 아닙니다! 감추려 들지만 우리는 모두 어떤 면에서 여전히 어린아이로 남아 있습니다. 그러므로 프로이트의 이상은 "성인이 되는 것"이라 말해도 괜찮을 것입니다. 이 이상은 순전히 자연주의적인 것입니다. 사도 바울은 프로이트보다 훨씬 전에 이렇게 표현한 바 있습니다. "내가 어렸을 때에는 말하는 것이 어린아이와 같고 깨닫는 것이 어린아이와 같고 생각하는 것이 어린아이와 같다가 장성한 사람이 되어서는 어린아이의 일을 버렸노라"(고전 13:11).

만일 바울이 인생의 계절 변화라는 하나님의 뜻, 곧 변화와 성장의 법칙을 말한 것이라면, 그것은 완벽하고 충만한 삶이라는 인생의 궁극 목표를 미리 맛보게 해주려는 의도에서 한 말일 것입니다. "사랑"과 "지식"이 조금도 부족하지 않은, 죽음 너머의 삶 말입니다.

카를 융이 제시한 통합이라는 개념은 인간의 충만한 삶에 대해 좀 더 섬세하고 풍성한 시각을 제공해 줍니다. 융은 청

년에게는 절대적인 경향이 있다고 말합니다. 청년은 인생을
볼 때 흑백 논리로만 봅니다. 빛만 있고 그늘은 없다고 생각
합니다. 그러나 사실은 둘 다 존재합니다. 선이 있으면 악이
있고, 정의로운 사람이 있으면 사악한 사람이 있게 마련입니
다. 이런 이유로 청년은 자기 마음에 들지 않거나 수치스럽게
생각되는 것은 무엇이든 무의식 속에 억압해 버립니다. 그래
서 자신이 어떤 사람인지조차 알지 못한 채 지내기도 합니다.
마음에 들지 않는 충동뿐만 아니라 몸의 작용에 대해서도 마
찬가지로 처리해 버립니다. 그러다가 어느 날 깨닫게 됩니다.
이 세상에서 선과 악은 서로 분리할 수 없을 정도로 뒤섞여
있으며, 아무리 선한 사람이라도 흠이 있고 아무리 악한 사람
이라도 미덕을 가지고 있음을 말입니다. 자기 안에도 선과 악
을 비롯한 인간의 온갖 모습이 있고, 가지고 싶었지만 가지지
못한 모습과 버리고 싶었지만 그러지 못한 모습이 있음을 보
게 됩니다. 이 "어두운 부분"을 포함한 자신의 모습 전체를 받
아들여야 충만한 삶에 이를 수 있음을 깨닫게 되는 것입니다.

이때 청년은 머뭇거립니다. 그는 새로 알게 된 달갑지 않은 지식을 부인하며 저항할지도 모릅니다. 회의적이 되거나 환멸을 느껴 뒷걸음칠지도 모릅니다. 그러나 이러한 퇴행의 길 대신 통합의 길, 자신의 내면을 살피는 용감한 길을 택할 수도 있습니다. 이 길은 부단히 자신을 발견하는 길, 자신도 모르던 내면의 자원과 회피할 수 없는 내면의 비참함을 발견하는 길입니다. 끊임없이 자신의 참모습을 발견하는 길인 것입니다. 여기서 우리는 융이 어린아이에서 성인으로 옮겨 가는 과도기뿐만 아니라 그보다 더 많은 것을 말하고 있음을 보게 됩니다. 그는 인생의 여름에서 가을로 넘어갈 때 나타나는 변화의 밑그림을 이미 보여 주고 있습니다. 일반적으로 성인은 젊은 날의 이상을 간직하고 살아갑니다. 사실 성인기의 활동에 필요한 활력은 대개 청년기의 이상에서 나옵니다. 반면, 성공적인 노년기의 삶에 이르는 열쇠는 통합의 길에서 오는 지혜를 얻는 데 있습니다. 여기에 한 가지 덧붙이자면, 융이 말한 통합이라는 개념에는 자연적인 의미뿐만 아니라 영적인 의미도

담겨 있다는 것입니다. 통합은 성령이 우리 내면에 강권하시
는 열매입니다.

이제까지 살펴본 인생의 전환과 구약에서 신약으로 넘어가
면서 확연히 보이는 성경의 변화 사이에 한 가지 유사점을 확
인할 수 있습니다. 구약은 율법에 중점을 두며 의로운 사람
과 악한 사람을 철저히 구분합니다. 구약은 "생명을 얻으려
면", 즉 충만한 삶을 살고자 한다면 온 힘을 다해 율법을 엄
격히 지켜야 한다고 말합니다. 그런데 예수 그리스도께서는
율법을 빈틈없이 지키려 했던 바리새인들과 정반대의 입장
에 서셨습니다. 도덕이라는 그들의 근사한 "겉모습" 뒤에 "모
든 더러운 것이 가득" 차 있음을 예수께서 보여 주셨습니다(마
23:27). 바리새인이었던 바울이 나중에 설명한 것처럼, 바리새
인들이 실패한 이유는 그들이 율법의 의를 얻으려고 했기 때
문입니다. 그들이 걸치고 있던 도덕의 힘이 참구원을 얻지 못
하도록 그들을 가로막았습니다. 그러나 바울 자신은 은혜로
구원을 받았다고 고백합니다. 즉, 자신의 공로로는 구원받을

수 없음을 인정하고 나서야 구원을 받았다는 말입니다.

그러므로 오늘날 과학의 관점과 신앙의 관점은 놀라울 정도로 서로 근접해 있습니다. 양쪽 모두 인간을 끊임없이 변화하며 한 단계에서 다음 단계로 전진하는, 그래서 결국 어떤 목적을 향해 나아가는 존재로 봅니다. 인간이 발전하는 존재라는 점에 의미를 부여하는 것입니다. 과학자들과 신앙인들은 인간의 발전을 촉진하거나 가로막는 요인들을 연구할 때에도 서로 공통점을 보입니다. 이제 더 이상 무턱대고 사람을 도와주는 것이 핵심 과제라고 보지 않게 되었습니다. 두 관점 모두 인간이 자연스럽게 다시 성장할 수 있도록 장애물을 제거해 주는 것이 과제임을 깨닫게 된 것입니다. 심리치료사는 그리스도께서 말씀하신 비유에 나오는 농부와 같은 역할을 합니다. 농부는 열매를 맺지 못하는 무화과나무 둘레에 도랑을 파고 거름을 주어 자연적 생명력이 되살아나게 하고 나무가 꽃을 피워 열매를 맺게 해줍니다(눅 13:6-9).

우리는 인간의 성장에 중요한 역할을 하는 네 가지 요인을 생각해 볼 수 있습니다. 첫 번째 요인은 '사랑'입니다. 프로이트 학파는 어린아이에게 사랑과 보호, 따뜻한 돌봄이 절대적으로 필요하다는 의견을 내놓았습니다. 사랑이 부족하면 아이의 자연적인 발달은 지체되고 나중에 성인으로 성장하는

성인기의 활동에 필요한 활력은
대개 청년기의 이상에서 나옵니다.
반면, 성공적인 노년기의 삶에 이르는 열쇠는
통합의 길에서 오는 지혜를 얻는 데 있습니다.

데도 지장이 있습니다. "유기 불안neurosis of abandonment"은 모든 인류에게서 흔히 볼 수 있는 증상입니다. 부모가 아무리 많은 사랑을 주었다 하더라도 아이에게는 결핍을 느끼는 부

분이 있게 마련입니다. 이 사실을 잘 알고 있는 성경은, 인류가 항상 불안과 억제된 감정, 냉담과 좌절 속에서 잃어버린 낙원을 갈망하며 쓰라린 향수에 시달리고 있음을 보여 줍니다. 해결책은 하나님의 사랑뿐입니다.

이 점에 대해서는 제가 어느 정도 알고 있습니다. 저 자신이 부모에게서 버림받았고(폴 투르니에는 어린 시절 부모를 여의었다. ─옮긴이), 하나님의 큰 사랑에 사로잡힌 후에 상실의 상처에서 치유되었기 때문입니다. 성경은 하나님 사랑의 선포, 한 없이 주시고 조건 없이 주시는 하나님 사랑의 선포입니다. 실은 선포 이상으로, 성경은 하나님 사랑의 증거입니다. 요한이 진술하는 것처럼, 독생자를 보내 사람이 되게 하시고 인간의 모든 고난과 소외를 겪고 죽음에 이르게 하신 데서 하나님의 사랑이 드러났습니다. 이 사랑은 전적으로 인격적인 사랑입니다. 예레미야도 자신이 태어나기 전, 어머니의 태에 있을 때에 하나님께서 먼저 그를 사랑하셨고 그의 이름을 직접 불러 주셨음을 이해하고 있었습니다(렘 1:4—8).

인간의 성장에 중요한 두 번째 요인은 '고난'입니다. 고난도 인간을 변화시키는 요인이 될 수 있습니다. 저와 같은 의사들은 종종 어떤 단계를 넘어 성장하는 것이 도저히 불가능해 보이는 사람들을 만날 때가 있습니다. 그때마다 그들이 고난을 경험해야만 좀 더 나아갈 수 있겠다는 생각을 합니다. 수잔느 푸셰(장애인들의 권익 회복에 일생을 바친 프랑스 운동가)는 열여섯 살 이래로 질병과 고통과 약함으로 점철된 인생을 살았으나 인류를 섬기는 놀라운 사역을 펼치지 않았습니까! 그녀는 이렇게 쓰고 있습니다. "내 몸에 부족한 것은 영으로 보충할 수 있습니다. 고난을 안다는 것…… 그것이야말로 인생을 아는 것 아닐까요?"

아주 끔찍한 일을 겪고 나서 저를 찾아왔던 한 남자 분을 최근에 다시 만났습니다. 그는 아들이 눈앞에서 사고로 죽는 모습을 지켜보아야 했습니다. 며칠 전 저를 찾아왔을 때 그는 아들의 죽음이 자신을 하나님 나라로 인도했다고 고백했습니다.

하지만 고난이 이와 정반대의 결과를 낳기도 한다는 사실을 우리 의사들은 잘 알고 있습니다. 고난은 한 사람의 인생 성장을 가로막는 장애물이 될 수도 있기 때문입니다. 고난은 타인과 하나님을 만나는 기회가 될 수도 있지만, 도저히 넘을 수 없는 소외의 장벽에 부딪힌 것처럼 다가올 수도 있습니다. 키르케고르가 "내 삶은 거대한 고난, 타인은 알 수도 이해할 수도 없는 고난이다"라고 쓴 것은 그런 까닭입니다. 고난 자체에 엄청난 가치가 있는 것은 아닙니다. 수잔느 푸셰가 단지 고난을 말하지 않고 "고난을 아는 것", 고난을 품고 살아가는 길을 말한 것은 그런 이유 때문입니다.

성경의 모든 장은 고난을 품고 살아가는 길을 보여 줍니다. 성경은 인간이 겪는 온갖 고난과 정신적, 육체적 고통뿐 아니라 그로 말미암는 결과 또한 사실적으로 풍부하게 드러냅니다. 고난 앞에서 어떻게 반응하느냐에 따라 그 결과가 전혀 달라집니다. 고난 앞에서 의탁함으로 자유를 누리기도 하고 반항함으로 파괴적인 결과를 맞기도 합니다. 사십 년 동안 광야에서 방황했던 이스라엘 백성을 잠시 생각해 보십시오. 성경이 보여 주는 하나님은 고통 받는 인간을 보시고 항상 긍휼히 여기시는 분입니다. 예수 그리스도를 보십시오. 그분은 병든 사람을 고치시고, 버림받은 사람을 회복시키시며, 그분께 헌신한 사람들을 파송하셔서 고난 받는 다른 형제들을 돕게 하시는 분입니다.

성장의 세 번째 요인은 '동일화'입니다. 동일화는 인간의 발달에서 중요한 역할을 합니다. 아이는 모방을 통해 말을 배웁니다. 인형 놀이를 하는 소녀는 엄마와 자신을 동일시하면서 실제로 아이를 갖게 될 날을 바랍니다. 아버지와 자신을 동일시하는 소년은 어느 날 유치한 놀이를 버리고 훨씬 남자다운 취미를 갖게 됩니다. 소년이 몰래 담배를 피우는 것은 자신이 남자임을 입증하려는 시도입니다. 소년은 이제 누가 시켜서가 아니라 스스로 알아서 일하기 시작합니다. 세상에서 성공하겠다는 동기가 생겼기 때문입니다. 어른과 자신을 동일시함으로써 소년과 소녀는 첫사랑에 눈을 뜹니다.

　얼마 전, 중년에 접어든 환자 한 분이 저를 찾아왔습니다. 그녀는 막 첫사랑에 눈뜨기 시작한 영화 속의 순진한 처녀들과 자신을 동일시한다고 했습니다. 물론 이런 "퇴행적 동일화"가 정상적인 것이 아니라는 것쯤은 그녀도 알고 있었습니다. 그렇지만 그녀의 경우 이렇게 동일화하는 것이야말로 오히려 성장의 표시라고 저는 보았습니다. 어린 시절 이래로 이 여인의 인생에서 연애는 항상 폐쇄되어 있는 영역이었기 때문입니다. 그녀는 진작 거쳤어야 했을 단계를 늦게라도 체험할 필요가 있었습니다. 진실로 그녀가 그 단계를 넘어 성장하고자 한다면 말입니다.

소년이 아버지와 자신을 동일시한다고 해서 반드시 성장이 촉진되는 것은 아닙니다. 아버지와 자신을 동일시하는 것이 오히려 자기 아버지 정도로 성장을 제한하기도 합니다. 아버지 역시 약점이 있고 선입견을 가지고 있습니다. 만일 자신의 역할 모델에 갇혀 버린다면 소년은 절대로 자신의 참모습을 찾을 수 없습니다. 소년은 전설이나 역사 속의 영웅들과 자신을 동일시해야 할 때가 올 것입니다. 탐험가, 과학자, 예술가, 성인聖人에게 자신을 투사해야 할 때가 오게 마련입니다. 사실 모든 동일화에는 한계와 제약이 따릅니다. 단 하나의 동일화만 빼고 말입니다. 저는 이탈리아 플로렌스에서 온 동료 아사지올리 박사가 제네바 철학 학회에서 이 점에 대한 연구를 발표하는 것을 들었습니다. 그는 그리스도와의 동일화에 관해 발표했는데, 바울도 그 점을 표현한 바 있습니다. "그런즉 이제는 내가 사는 것이 아니요 오직 내 안에 그리스도께서 사시는 것이라"(갈 2:20).

마지막으로, 네 번째 요인은 '적응'입니다. 괴테는 "사는 것은 적응하는 것"이라고 했습니다. 이것은 성장에 관한 설명 가운데 '최고의 개념'입니다. 심리학자들은 삶에 나타나는 모든 폐쇄 현상은 적응에 실패한 표시라고 봅니다. 인간은 특별히 어린 시절에, 그리고 인생 내내 모든 새로운 상황에 직면해서 자기 자신뿐 아니라 자신의 습관을 "넘어서야" 합니다. 그렇지만 이 일이 쉽지 않습니다. 만일 성공한다면, 인간은 그만큼 성장합니다. 하지만 충분히 애쓰지 않으면, 뒷걸음질하고 맙니다.

자녀를 생각하는 마음에 온갖 노력을 아끼지 않으려는 부모들이 있습니다. 그들은 인생의 여러 위험으로부터 지나치게 자녀를 보호합니다. 이런 부모는 자녀가 아이 단계에서 벗어나지 못하게 함으로써 결국에는 자녀의 성장을 가로막습니다. 자녀가 나중에 인생에 적응하지 못하도록 준비시키는 셈입니다. 반면에 어떤 부모는 자녀를 일찌감치 어른으로 만들려는 욕심 때문에 아이가 감당하지도 못할 일을 지나치게 이른 시기부터 시키기도 합니다. 이런 부모는 자녀를 조숙하게 키웁니다. 하지만 온전히 아이였던 적이 없었던 자녀는 성인이 되어서도 온전히 성인이 되지 못합니다.

우리 모두는 지나치게 적응을 잘해도 위험하다는 것을 알고 있습니다. 종종 한 번도 다툰 적이 없다고 자랑스럽게 말하는 부부를 봅니다. 그런데 그들 부부의 관계는 단조롭습니다. 그들 부부가 그토록 평화로운 관계를 유지할 수 있었던 것은 두 사람 가운데 어느 한쪽이 자신의 개성을 모조리 버리고 다른 한쪽에 완전히 적응했기 때문입니다. 그런 부부의 삶은 따분하고 변화가 없고 폐쇄적인 성격을 띠며, 가정 밖의 사회와 잘 어울리지 못합니다. 아내의 개성을 무시하면서 무조건 자기 말을 들으라고 하는 남편은 친구의 반대 의견조차 참지 못합니다. 그는 자기만의 고독한 성에 칩거해 살아가고 있을 뿐입니다.

　하나님께서 "사람이 혼자 사는 것이 좋지 아니하니"라고 말씀하시며 남자에게 그와는 전혀 다른 짝을 지어 주신 것은, 뜻하신 바가 있었기 때문입니다. 그것은 남자로 하여금 상호 적응이라는 어려운 과정에 직면하게 하려는 것이었습니다. 하나님은 남자가 아내에게 굴복하거나 반대로 아내를 굴복시키는 것 같은 방식으로 갈등을 피하기보다는 자기 자신을 넘어서기를 바라셨습니다. 달리 말하면, 남자는 성장해야 하는 것입니다.

　이와 비슷하게 우리는 한 번도 의심해 본 적이 없다고 말하는 그리스도인들을 알고 있습니다. 그런 그리스도인들의 삶은 무기력하며 믿음의 본질인 모험과도 멀리 떨어져 있습니다. 이들과는 달리 풍성한 열매를 맺는 신자들은 의심과 신앙 사이에서 갈등하는 자기 내면의 싸움에 대해 부끄럽더라도 기꺼이 털어놓습니다. 아브라함과 모세에서부터 야곱, 예레미야, 베드로, 바울에 이르는 성경의 위대한 인물들도 하나같이 갈등으로 점철된 삶을 보여 줍니다. 그들은 하늘에 저항합니다. 지나치게 많은 것을 요구하시는 듯한 하나님께 고분고분하지 않습니다. 그러면서도 하나님과 화해하는 모습을 보여 줍니다. 하나님은 곧바로 포기하는 이들보다는 그분과 맞붙어 싸우려는 이들을 사랑하십니다!

성경의 인물들은 하나님과 싸우면서 성장했습니다. 하나님과 밤새도록 극적인 씨름을 벌인 야곱은 아침이 되었을 때 서 있기조차 힘들었습니다. 하지만 그는 새롭게 변화된 사람이 되어 일어났고, 인생의 새로운 계절로 들어섰습니다. 하나님의 진노로부터 소돔 성을 구해 달라고 간구한 아브라함도, 불타는 떨기나무 앞에서 주님을 붙잡고 말다툼을 벌인 모세도, 예루살렘 성의 멸망 소식을 전하지 않으려 했던 소심한 예레미야도, 세 번이나 예수를 부인한 베드로도, 다메섹을 향해 가던 바울도 마찬가지였습니다. 성경에 등장하는 다른 모든 용감한 사람들도 마찬가지입니다. 실로 그들은 참인간이었습니다! 그들은 자신을 변호할 줄 알았고, 쉽게 물러서지 않았습니다. 따라서 그들이 하나님께 의탁했다는 것은 어린아이가 부

모의 호의를 얻기 위해 의존하는 것과는 전혀 다릅니다. 그들
이 보여 준 의탁은 남자다운 용기에서 나온 행동이었습니다.
그 결과, 그들은 충만한 인간이 되었고 인류 역사가 새로운 계
절로 진입할 수 있도록 길을 열어 주었습니다.

풍성한 열매를 맺는 신자들은
의심과 신앙 사이에서 갈등하는 자기 내면의 싸움에 대해
부끄럽더라도 기꺼이 털어놓습니다.

CHAPTER 3

기독교,
자유인가
구속인가

교회 안에 마음이 억눌린 사람과 유치한 아이처럼 행동하는 사람이 그토록 많은 까닭은 무엇일까요? 하루는 가톨릭 교인인 동료 교수가 외국에서 저를 찾아와, 신학자들과 의사들을 모아 "어른으로 성장한다는 것"이란 주제를 두고 논의하는 대화의 장을 마련하고 싶다고 했습니다. 그런 생각을 하게 된 것은, 대다수의 신앙인들이 유치한 수준에서 성장을 멈추고 소수의 사람들만이 성숙한다는 사실이 그와 동료들의 마음에 걸렸기 때문이라고 했습니다. 그러고는 이렇게 덧붙였습니다. "개신교인들이라면 사정이 좀 다르지 않을까 생각하네."

정말이지 저는 그의 믿음을 깨고 싶지 않았습니다! 하지만 우리 개신교에도 가톨릭과 마찬가지로 마음이 슬프고 상하고, 인격이 파괴된 사람들로 가득합니다. 가톨릭 국가나 아예 교회와 상관없이 살아가는 사람들보다 신경증 환자 비율이 더 높은 게 사실입니다.

　이 점에 대해서 심리치료사들이 지적한 것이 있습니다. 교회가 사람들에게 개성을 펼치도록 장려하기보다 그들의 숨통을 조인다는 심리치료사들의 비판은 그다지 놀랍지 않습니다. 그들 중에는 분노와 금기, 곧 어른이 되지 못하도록 사람을 붙잡아 두어 결국에는 때이른 노화를 가져오는 분노와 금기로부터 신앙인들을 해방시켜 줄 새로운 복음의 사도로 자처하는 이들까지 있으니 말입니다. 앞에서 제가 인간의 충만한 삶에 대해 심리학자와 교회의 의견이 완벽하게 일치한다고 설명한 것을 기억하실 것입니다. 그런데 이제 심리학자들은 인간의 성숙을 위해 노력하는 반면 교회는 인간을 망치고 있는 것처럼 보입니다. 그 같은 결론은 과연 근거가 있을까요?

　이런 결론은 왜곡된 기독교에서 나온 것입니다. 저는 이들 심리학자들의 비판이 분별 있는 참기독교를 건드릴 수는 없다고 확신합니다. 그럼에도 오늘날 우리 교회 가운데 유행하는 '도덕주의'는 분명 비판의 사정권 안에 있습니다. 이 시대 도덕주의는 놀라운 자유를 경험케 하는 하나님의 은혜를, 실수를 두려워하는 강박증과 바꿔 버렸습니다. 스위스 바젤의 의사 테오 보벳이 해준 이야기가 있습니다. 어느 날 한 목사가 교리반에 참석한 청년들에게 "종교가 무엇이라고 생각합니까?" 하고 질문을 던졌습니다. 그러자 한 청년이 곧바로 이렇게 답했답니다. "종교는 하지 말아야 할 것들을 가르쳐 줍니다."

　우리는 이런 대답에 놀라지 않습니다. 오늘날 대부분의 사람들에게 종교를 갖는다는 말은 (어린아이처럼) '착해지고' 금지 조항은 무엇이든 범하지 않으려고 끊임없이 노력하는 것을 뜻합니다.

우리가 성경에서 얼마나 멀리 떨어져 있는지요! 성경의 위대한 인물들을 다시 한 번 살펴봅시다. 어떤 사람들이 보입니까? 살인자, 거짓말쟁이, 질투에 눈먼 자, 배반자, 속물, 간음한 자, 반역자, 창녀들입니다. 제 말을 오해하지는 마십시오. 제가 죄를 옹호하려는 것은 아닙니다. 제가 하고 싶은 말은, 성경이 제시하는 신앙은 도덕 체계가 아니라는 것입니다. 성경의 신앙은 뜨거운 마음으로 하나님과 그분의 은혜를 구하는 것입니다. 도덕주의는 자기 자신만을 추구하고 자신이 선과 악을 모두 알고 있는 것처럼 행동하게 합니다. 도덕주의는 실수할 만한 모든 상황을 양심의 가책과 자기 억제의 힘을 동원해 피해 보려는 시도입니다. 율법주의 논리의 끝은, 하나님도 그분의 은혜도 필요하지 않다는 것입니다.

이처럼 실수를 두려워하는 마음에서 우리는 앞서 언급한 율법주의적인 사고, 어린아이와 같은 사고방식을 확인할 수 있습니다. 사실 도덕주의는 교회 안에 유아적 퇴행 현상을 일으키는 주범입니다. 하지만 박해의 파도가 밀려오면, 교회는 다시 용감히 일어섭니다! 지칠 줄 모르는 강한 용사들로 교회는 생명력을 회복합니다. 이 용사들은 하나님을 붙든 사람, 그분의 말씀을 붙잡은 사람, 성령으로 완전히 새롭게 된 사람, 그분의 사랑에 사로잡힌 사람들입니다. 이들은 하나님의 실재 안에서 그분이 주시는 충만한 믿음으로 살아갑니다. 도덕주의는 순식간에 자취를 감춥니다. 한편, 세상의 인정을 받을 때 교회는 빈틈없는 도덕주의로 후퇴합니다. 도덕주의 안에는 믿음의 모험이 자리할 곳이 없습니다. 착하고 신앙심 깊은 남자가 인생의 설렘을 다시 찾을 방법을 찾지 못해 어리석게도 불륜에 빠져 버린다면, 얼마나 안타깝고 비통한 일일까요. 그래서 "천사가 될 법한 사람이 짐승으로 떨어진다"라고 블레이즈 파스칼이 말한 것입니다.

하지만 이렇게 이의를 제기할 사람이 있을 것입니다. "그렇다면 자신을 부인하라고 하신 그리스도의 말씀은 어떻게 되는 것입니까? 이 말씀은 완전한 인격 발달이라는 심리학자들의 이상에 그리스도인들이 매달리지 않아도 될 근거로 충분하지 않나요? 심리학자들은 자기를 긍정해야 한다고 말하지만, 그런 주문은 자아를 죽여야 한다는 바울의 요구 앞에 근본적으로 배제되는 것 아닙니까?"

여기서 우리는 비극적인 오해와 마주하게 됩니다. 저는 이와 똑같은 오해를 신앙인들에게서만 아니라 그들을 공격하는 사람들에게서도 발견합니다. 사도 바울만큼 자신에 대해 분명하게 말할 수 있는 사람이 있을까요? 있으면 보여 주십시오! 복음이 요구하는 자기 부인이란 영원히 유아기로 뒷걸음질하는, 절단된 인생으로 퇴행하는 것을 뜻하지 않습니다. 자기 부인이란 좀 더 큰 충만함을 얻기 위해 하나님의 인도하심 아래 자신의 인생 주도권을 내려놓는 것을 말합니다.

여기서 우리는 하나님의 뜻이란 개념으로 다시 돌아갑니다. 하나님은 우리의 성장과 충만한 삶을 바라셔서 자연 법칙 안에 그 뜻을 새겨 두셨습니다. 그분의 뜻은 자연주의자들이 상상하는 것보다 훨씬 큰 충만을 목표로 합니다. 이 충만함은 자연만 가지고는 이룰 수 없는 목표입니다. 자연이 아무

도덕주의 안에는
믿음의 모험이 자리할 곳이 없습니다.

리 조화로울지라도 그것은 불가능한 일입니다. 이 충만함은 하나님의 인도를 받는 사람들, 그분께 자신을 의탁한 사람들이 받는 선물입니다. 자신을 부인하라고 말씀하신 예수의 모든 말씀에는 "백배의" 부요함을 약속하는 구절이 항상 따릅니다. 생명을 "버리라" 하고 명령하실 때조차 그것이 생명을 얻기 위함임을 덧붙이십니다. 이는 참생명, 훨씬 더 많은 열매를 맺는 삶을 발견하게 하시려는 것입니다.

그러므로 이제 우리는 충만한 인생이란 무엇인가 하는 질문 앞에 서게 됩니다. 그리스도께서는 더욱 위대한 충만함의 법칙을 우리에게 주셨습니다. 하나님과 함께하는 삶은 우리가 생각할 수 있는 가장 위대한 모험입니다. 자연이 줄 수 있는 최고의 영예에 도달한 니고데모에게 예수께서는 "다시 태어남"을 말씀하셨습니다. 다시 태어난다는 것은 프로이트가 말한 "성인이 되는 것"과 융이 이야기한 "통합"의 개념을 모두 포함합니다. 그리고 이 둘을 합한 것보다 훨씬 큰 의미를 담고 있습니다. 예수께서 직접 말씀하신 것처럼, 그것은 하나님 나라이며 영원한 생명입니다. 다른 말로 하면, 완전히 새로운 계절의 문을 여는 것입니다. 이 책의 첫 부분에서 젊은 아가씨가 이야기한 것처럼, 죽음이 쳐놓은 냉혹한 한계에서 자유롭고 영원한 충만함의 법이 지배하는 계절로 나아가는 것을 말합니다.

그렇다고 가을까지 앞서 가지는 맙시다. 유년기를 지배하는 법칙은 수동적인 순종과 금지에 대한 관심입니다. 이는 율법주의의 시기입니다. 그러나 이것이 우리 인생 전체를 지배하게 되면 필연적으로 유아적 퇴행 현상이 일어날 수밖에 없습니다. 그리스도께서는 여름의 법칙을 말씀하셨습니다. "너희가 열매를 많이 맺으면"(요 15:8). 성숙한 사람의 인생에 하나님이 기대하시는 것은 열매 맺는 삶입니다. 열매 맺은 나무의 이미지는 인생의 발전을 상징합니다. 예수께서는 이렇게 말씀하십니다. "그가 내 안에…… 거하면 사람이 열매를 많이 맺나니"(요 15:5).

그렇다면 그리스도께 의탁할 때 찾아오는 우리 인생의 일대

여름의 법칙은 무엇입니까? 그것은 행동입니다.
가정과 직장 생활의 기초를 튼튼히 하고 그 터를 계속해서 발전시켜 나가는 것입니다.

전환은 우리의 삶을 제한하는 게 아니라 오히려 확장시킵니다. 얼마 전 저는 동창 모임에 참석했다가 함께 대학을 다녔던 옛 친구들을 만났습니다. 그 자리에서 저는 친구들 중 제가 가장 젊다는 느낌을 받았습니다. 저는 여러 번의 인생 위기와 부침을 겪으면서 인생의 전반적인 방향이 바뀌었다고 생각했는데, 제 인생이 놀라울 정도로 일관성 있으며 맨 처음 가졌던 소망이나 열망과 일치한다는 사실을 발견했습니다. 하지만 그 자리에 참석한 친구들은 대부분 자신이 선택한 일을 꾸준히 해왔음에도 처음 소망과 열정을 잃었거나 자신의 직업에 대해 가졌던 "첫 마음"을 잃어버린 것이 분명해 보였습니다.

그렇다면 여름의 법칙은 무엇입니까? 그것은 행동입니다. 가정과 직장 생활의 기초를 튼튼히 하고 그 터를 계속해서 발전시켜 나가는 것입니다. 두 가지 가운데 결혼한 여자에게는 가정이 우선순위가 되고, 남자에게는 직장이 우선순위가 됩니다. 그렇기는 하지만 남자든 여자든 가정과 일 모두를 껴안

으려 하지 않는다면 결코 충만한 삶에 이를 수 없습니다. 아내는 남편이 하는 일에도 관심을 가져야 하며, 남편은 직장 일에 지나치게 몰두한 나머지 가정에서 자신의 역할을 소홀히 하지 않도록 해야 합니다. 성공과 명예의 정점에 섰던 한 분이 잊혀지지 않습니다. 한번은 그가 저를 찾아와 이렇게 말했습니다. "나의 인생은 실패요. 사업은 완벽하게 성공했는지 모르지만, 결혼 생활이 파탄하도록 내버려 두었으니 말이오."

얼마나 많은 남자들이 제 사무실에 와서 이분과 똑같은 말로 토로하는지, 그저 놀랄 따름입니다. 그들은 자기 인생을 정직하게 평가하려고 애쓰는 사람들임에도 하나같이 "나의 인생은 실패입니다!" 하고 말합니다. 물론 그들의 말에 과장된 면이 있기도 합니다. 저는 그들의 말을 반박하며 그들이 성취한 가치 있는 것들을 짚어 줄 수 있습니다. 하지만 제가 아무리 많은 말을 하더라도 그들에게는 소용이 없을 것입니다. 그들의 말에 반론을 제기하고 그들을 설득한다고 해서 도움이 되지 않습니다. 그렇지만 그들의 말에 공감해 준다면 도움이 될 수 있습니다. 저는 그들의 뼈아픈 자기 성찰을 방해하지 않으려고 침묵을 지킵니다.

"나의 인생은 실패"라는 그들의 말은 탄식과 같습니다. 모든 이의 마음속에 새겨져 있는 생각을 드러내는 탄식 말입니다. 즉, 인생은 무난한 즐거움도 우연한 모험도 아닌 단 한 번으로 끝나는 경기 같은 것이며, 승리 아니면 패배로 끝날 수밖에 없다고 생각하는 것입니다. 모든 사람이 수시로 다가오는 행운과 불행에 대해 일일이 변명할 수 있으나 결국 중요한 것은 최종 결과이며, 인생은 가장 중요한 도박이라는 생각을 가지고 있습니다. 성공의 기준이나 내용에 대해서는 사람마다 생각이 다르겠지만, 성공이 반드시 필요하다는 생각만큼은 누구나 인정하는 바입니다.

CHAPTER 4

인생의
성취

'이 아이가 성공해야 할 텐데!' 요람 앞에 서 있는 어느 부부를 생각해 봅시다. 그들은 벌써부터 아이의 미래에 대한 생각으로 가득 차 있습니다. '이 아이가 인생을 성공적으로 살아갈 수 있을까?' 그때 부부는 깨닫습니다. 아이가 잘되기를 바라는 마음과 걱정이 잠시도 그들의 마음을 떠난 적이 없었다는 것을. 그리고 그들이 직장에서 열심히 일하고, 멋진 옷을 입고 근사하게 말을 하려는 동기도 다 아이가 잘되기를 바라는 마음 때문이었음을 말입니다. 아이의 부모는 능력이 닿는 한 최선의 것을 내놓으려 할 것입니다. 의식하든 그러지 못하든, 그

들은 장차 성공 혹은 실패의 평결을 내릴 보이지 않는 배심원
단 앞에 서 있다는 느낌을 받으며 살아갑니다.

부모가 자녀에게 예절을 가르치는 이유는 무엇일까요? 아
이가 배우려 하지 않는데도 화를 내면서까지 사회에서 인정
하는 행동과 도덕을 가르치려는 이유는 무엇일까요? 아이가
싫어하는 공부를 시키고, 아이의 친구 관계에 신경 쓰고, 아이
의 배우잣감을 걱정하는 까닭은 무엇일까요? 어째서 그러는
것일까요? 아이가 성공해서 잘살기를 바라기 때문입니다. 경
우에 따라서 부모는 신앙 교육마저도 아이에게 성공 기회를
높여 주는 수단 정도로 여깁니다. 이렇게 생각하는 부모라면,
교리 수업을 빼먹은 자녀를 혼내면서 교리를 배워 두는 것이
훗날 인생에 도움이 된다고 지적해 줄 것입니다.

심장에 이상이 오는 줄도 모른 채 무리하게 일만 하는 사업
가를 생각해 봅시다. 그는 평생 휴가를 가본 적이 없다고 한
탄합니다. 그런데 그는 왜 그토록 많은 일을 자청해서 하는
것일까요? 돈을 벌기 위해서일까요? 그렇지 않습니다! 자신이

이뤄 낸 성공의 포로가 되었기 때문입니다. 사업이 계속해서 성장하지 않으면 그는 사업이 기운다고 느낄 것입니다. 그가 고급 자동차를 산다면, 그것은 좀 더 편한 생활을 하거나 여행을 떠나기 위해서라기보다는 ㅣ 그는 그런 일에 시간을 내지 못합니다 ㅣ 그것이 성공을 상징하기 때문입니다. 같은 이유로 남자들은 내연녀를 두기도 합니다.

웃어넘길 일이 아닙니다. 이 같은 심리에서 자유로운 사람은 없습니다. 사람마다 추구하는 대상은 다를 수 있으나, 저마다 성공을 마음에 두고 있습니다. 과학자나 기술자들이 끊임없이 새로운 것을 발견하기 위해 매진하는 것은 성공의 기쁨 때문입니다. 그들은 문제를 만나면 그것을 해결할 때까지 손을 놓을 줄 모릅니다. 그러므로 핵폭탄의 위험 때문에 과학 연구를 제한해야 한다고 주장하는 훌륭한 그 사람들은 여전히 유토피아적인 세상이 오기를 바라고 있습니다. 목사들 가운데 자신의 설교를 듣기 위해 교회에 온 회중이나 설교가 좋았다고 감사하는 겸손한 성도들에게 무신경한 이는 아무도 없습니다. 저도 책을 쓰고 있지만, 이 책이 성공하기를 무척이나 바랍니다. 성공하리라는 희망이 없는 사람은 깊은 침체에 빠져들고 맙니다. 그게 아니라면, 자신을 성공으로 이끌어 줄 다른 길을 찾을 것입니다.

이 모든 것에는 인간에 관한 중대하고 보편적인 진실이 담겨 있습니다. 우리는 모든 사람의 인생에는 뜻이 있으며 그 뜻을 이루는 것이 인생의 성취임을 직감적으로 알고 있습니다. 그뿐 아니라 인생의 성취라는 말에는 흔히 "성공한 인생"이라는 표현이 뜻하는 것보다 훨씬 큰 의미가 담겨 있음을 알고 있습니다. 인생의 성공은 특히 미국에서 출간되는 수많은 "방법론" 책들이 다루는 주제입니다. 그런 책들에는 분별력과 지혜롭고 유익한 조언들이 많이 실려 있습니다. 하지만 그런 성공이 사회에서 가치를 부여하는 만큼 한 사람의 삶에 큰 영향을 주지는 못합니다. 외직인 성공은 인간의 내면 깊은 곳까지 건드리지 못하기 때문입니다. 이는 앞서 언급한 성공한 남자의 삶을 보더라도 분명히 알 수 있습니다. 그는 성공에 관해서라면 모두의 부러움을 살 만한 사람이지만, 그럼에도 자기 인생은 실패라고 속내를 드러냈습니다.

어떤 말도 그에게는 위로가 되지 않습니다. 욕심이 좀 지나치다든지, 현재 가진 것으로 만족할 줄 알아야 한다든지 하는 말은 소용이 없습니다. 우리는 누구나 이 세상의 다른 것으로는 채울 수 없는 가치 있는 무엇이 있다고 생각합니다. 자신이 참으로 찾고 있는 것 대신에 아무리 근사한 것을 준다 해도 그것은 사탕발림 같은 위로일 뿐 오랫동안 갈망해 온 것을 대체할 수 없습니다. 이러한 사실을 깨닫는 순간, 그는 일생일대의 위기에 빠질 수 있습니다. 그때 소유는 아무 가치가 없는 것처럼 공허하게 다가옵니다. 그는 환멸에 빠져 참담하고 냉소적인 상태로 떨어질 위험이 있습니다.

우리 의사들은 최고로 왕성한 삶을 살면서 가치 있는 활동에도 열심히 참여하는 수많은 사람들을 만납니다. 하지만 그들은 그 많은 활동에 휩쓸린 나머지 내면의 부름에 응답하지 못한 자신을 용서하지 못합니다. 젊은 시절, 그들은 내면의 부름을 들었으나 응답하지 않았습니다. 다시 말씀드리지만, 우리는 한 분야에서 성공함으로써 인생의 성취를 누릴 수 있으나 모든 영역에서 성취하는 삶을 살 수는 없습니다. 그런 성취에는 선택과 가치 기준이 따릅니다. 상황에 따라 그때그때 세우는 계획이 아니라 일정한 가치 기준에 따른 개인적인 뜻이 필요합니다.

모든 사람은 | 믿지 않는 사람까지도 | 마음속에 하나님의 뜻에 대한 개념을 가지고 있습니다. 물론 신앙이 없는 사람은 그것을 하나님의 뜻이라고 표현하지 않을 것입니다. 하지만 사과나무가 배가 아닌 사과 열매를 맺는 것이 하나님의 뜻인 것처럼, 믿는 사람이든 믿지 않는 사람이든 마음에 품고 있는 개념은 똑같습니다. 인생은 책임감이 따르는 선물이라는 개념을 모두가 가지고 있습니다. 하나님을 알든 모르든, 이 하나님께서 우리에게 매우 분명하게 기대하시는 것이 있다고 생각합니다. 자연이 우리에게 보여 주는 것처럼, 하나님은 다양성을 좋아하시는 분입니다. 그분은 수백만의 동식물을 서로

다르게 만드셨고, 사람을 만드실 때도 믿지 못할 정도로 다양하게 만드셨습니다! 그래서 모든 사람이 하나님께 더없이 소중하며, 각 사람은 고유의 성격과 독특한 재능을 가지고 있는 것입니다.

최초의 다양성, 즉 사람이 타고난 재능과 유전적 기질 위에 인생의 사건들이라는 두 번째 다양성이 덧붙여집니다. 이 사건들은 우리의 개성 형성에 기여하고 우리가 나아갈 길을 보여 줍니다. 다시 그 위에 세 번째 다양성, 즉 우리의 마음을 사로잡아 인생의 목적과 의미를 보게 하고 인생의 방향과 소명을 찾게 해주는 내적 인도가 덧붙여집니다. 모든 사람이 이 내면의 소리를 듣습니다. 이런 이유로, 우연에 맡기고 나아가면 된다거나 다른 사람의 발자국을 따라가기만 하면 된다고 생각하는 사람은 아무도 없습니다. 내가 어디로 가고 있는지 분명히는 모르지만, 어떤 목적지로 이끌어 줄 나만의 길이 있다고 생각하는 것입니다. 그는 어둠과 빛이 교차하는 길을 순종과 실수를 반복하며 찾아 갑니다. 그렇게 순종과 실수를 거쳐 돌아볼 때 비로소 개인의 인생에 일어난 사건들에 담긴 의미가 드러납니다.

마치 보이지 않는 손이 전에는 알지 못했던 목표로 그를 인도하는 것 같습니다. 제가 강조하고 싶은 것은, 그 손이 인간의 실수를 통해서도 인도한다는 것입니다. 이것은 큰 비밀입니다. 성경은 이 점을 아주 설득력 있게 묘사합니다. 성경을 다시 읽어 보면, 모든 페이지에서 이 사실을 확인할 수 있습니다. 하나님의 뜻은 하나님께 영감을 받은 인간의 순종을 통해서만 성취되는 것이 아니라 인간의 실수, 심지어 인간의 죄를 통해서도 성취됩니다. 극단적인 예가 가룟 유다의 경우입니다. 그는 온 인류의 죄를 상징하지만, 그럼에도 하나님의 구속 계획을 성취하는 데 맡은 역할이 있습니다. 예수께서는 유다에게 이렇게 말씀하셨습니다. "네가 하는 일을 속히 하라"(요 13:27). 제가 이 말씀을 드리는 것은, 한 순간의 그릇된 판단으로 길을 잘못 들어 인생을 망쳤다고 생각하며 절망하는 분들이 있다면, 이 말씀으로 마음에 위로를 얻었으면 하는 바람에

마치 보이지 않는 손이 전에는 알지 못했던 목표로
그를 인도하는 것 같습니다. 제가 강조하고 싶은 것은,
그 손이 인간의 실수를 통해서도 인도한다는 것입니다.
이것은 큰 비밀입니다.

서입니다. 아무도 하나님의 뜻에서 벗어날 수 없습니다. 아무리 많은 실패를 했다 해도, 어느 때든 우리는 하나님의 뜻을 찾을 수 있습니다.

과거에 일어난 모든 일, 재능뿐 아니라 실수도 하나님의 빛 아래서 보면 새로운 의미가 있습니다. 여기서 우리는 앞서 말했던 자연과 초자연 사이의 밀접한 연결을 다시 확인합니다. 사도 바울처럼 지나치게 공격적인 성향의 사람을 한번 보겠습니다. 그는 타협을 모르는 가차 없는 성격으로 초대 교회를 박해하는 데 열중했던 사람입니다. 그런데 다메섹으로 가는 길에서 그리스도를 만나면서 그의 인생행로는 완전히 바뀌고 말았습니다. 그렇지만 그의 타고난 성격은 바뀌지 않고 그대로 남았습니다. 이후로도 우리는 그의 공격적인 성향을 확인할 수 있습니다. 하지만 그의 공격적인 성향은 하나님의 손안에서 복음을 전파하는 강력한 노구로 변화되었습니다.

우리가 도덕주의로부터 얼마나 멀어졌는지 주목해 보십시오. 우리의 타고난 성품이 좋은지 나쁜지는 더 이상 중요하지

않습니다. 그 타고난 성품을 하나님의 뜻에 맞게 사용하는지
가 중요합니다. 하나님의 뜻에는 지연의 시간도 포함됩니다.
하나님이 원하시는 일을 행하는 것만이 중요한 게 아닙니다.
그분이 원하시는 일을 그분이 원하시는 '때에' 행하는 것이 중
요합니다. 스위스 바젤의 의사 보벳은 「때를 분별하는 기술
The Art of Finding Time」이라는 작은 책에서 '카이로스', 곧 하나님
의 때를 뜻하는 성경의 개념을 다뤘습니다. 우리는 성경에서
"때가 아직 차지 못하였으니"(요 7:8)라든가 "때가 차매"(갈 4:4)
같은 표현을 볼 수 있습니다. 예수께서는 자연적인 지연, 수확
때를 기다리는 농부의 인내에 대해서도 종종 말씀하셨습니
다. 무르익고 성숙하는 데는 반드시 시간이 필요합니다.

　좋은 열매를 거두려면 반드시 충분히 무르익는 시간이 필요
합니다. 그러므로 활동의 계절인 여름을 활동만으로 채워서
는 안 됩니다. 묵상이 필요합니다. 그리고 계절이 깊어 갈수
록 묵상의 시간에 점점 더 많은 자리를 내줘야 합니다. 왜 그
럴까요? 묵상 속에서 우리는 하나님의 뜻을 찾고 개인적인 가

치 기준을 확립하기 때문입니다. 그때 비로소 우리의 행동은 초조하거나 산만한 활동이 아니라 일생에 걸친 일이 되기 때문입니다. 그러한 결정을 너무 이른 시기에 내리는 것은 바람직하지 않습니다. 젊은이가 성숙하기도 전에 인생의 철학이나 삶의 목표, 신앙, 배우자를 결정하는 것은 권할 만한 일이 못됩니다. 그 선택이 가치 있으려면, 먼저 다양한 생각과 견해와 환경을 접해 보는 것이 중요합니다.

그렇지만 계절이 더 깊어질수록 선택의 필요도 더욱 커집니다. 산다는 것은 선택하는 것입니다. 충만한 삶에 대해 아이 같은 인생관을 가진 사람들은 자신이 물려받은 많은 것 가운데 어느 것도 잃지 않으려고 합니다. 그들은 아무것도 희생하지 않고 아무것도 포기하지 않기에, 많은 일을 하려고 하지만 어느 것 하나 제대로 결실하는 것이 없습니다. 그들은 인생의 참된 충만함을 결코 얻을 수 없습니다. 이런 쪽에서 좋은 예가 앙드레 지드(「좁은 문」을 쓴 프랑스 소설가)인데, 그가 인생의 황혼녘에 한 고백이 우리에게 깊은 인상을 줍니다. 그것은 나이가 들었으나 젊은 시절보다 성장하지 못한 사례라 할 수 있습니다. 나이가 들수록 인생의 충만함은 점점 더 이룰 수 없는 이상처럼 보입니다. 인간이 활동할 수 있는 모든 영역에서 성공과 활동을 축적한다고 해서 인생이 충만해지는 것은 아니기 때문입니다.

젊었을 때는 현실에서 부족한 것을 미래에 채울 수 있다고 스스로 속일 수 있습니다. 하지만 조만간 우리는 꿈에서 깨야 합니다. 한 가지 목표를 이루고 나면 이루지 못한 다른 열 개의 목표가 모습을 드러냅니다. 인생의 부족감이 줄어들기는커녕 오히려 더욱 커져만 갑니다. 우리는 이룰 수 있는 것보다 더 많은 것들을 포기해야 합니다. 만족이 있으면 환멸도 있게 마련입니다. 성공이 있으면 반드시 실패도 있습니다. 그리고 언젠가 우리는 실패가 성공보다 더 풍성한 열매를 맺을지도 모른다는 사실을 이해하게 됩니다. 실패는 우리의 가치 체계를 재검토하게 만들기 때문입니다. 그리고 이 가치 체계의 재검토야말로 곧 이어지는 노년기의 법칙이기

하나님의 뜻에는 지연의 시간도 포함됩니다.
하나님이 원하시는 일을 행하는 것만이 중요한 게 아닙니다.
그분이 원하시는 일을 그분이 원하시는 '때에'
행하는 것이 중요합니다.

때문입니다.

직업 생활의 정점에서 왕성히 활동하고 있는데 돌연 질병이 찾아와 우리의 경력을 무너뜨리는 일도 있습니다. 하지만 그러한 일은 우리의 활동이 어떤 면에서 공허하다는 사실을 계시해 주기도 합니다. 이때 사람은 자기 마음을 괴롭히는 문제를 터놓고 이야기할 수 있는 사람이 필요합니다. 곧 회복될 것이라는 말로 안심시키고 이전 생활로 돌아갈 것이라고 희망을 말해 주는 것은 이미 그에게 충분하지 못합니다. 질병은 언젠가는 죽음이 찾아와 깨지기 쉬운 우리 인생에 종지부를 찍고 말 것임을 예고해 줍니다. 이처럼 질병이나 다른 큰 시련을 겪으며 노년기가 시작됩니다. 그때 우리는 우리 힘으로는 어쩔 수 없는 인생의 불완전성을 깨닫게 됩니다.

CHAPTER 5

여름에서
가을로

❋
☼
◉
❄

노년은 언제부터 시작되는 것일까요? 융은 어느 책에서 자신의 환자 가운데 한 사람이 꾼 꿈을 이야기했습니다. 융은 독자의 이해를 돕기 위해, 그 환자는 마흔 살로 인생의 황혼이 시작되는 나이이며 긴 오르막길을 걸은 후 이제 내리막길을 배워야 하는 시점이라고 설명을 덧붙였습니다. 융의 의도는 이런 전환의 시기를 분명하게 정하려는 것이 아니라, 이러한 전환은 불가피하며 따라서 거기에 적응해야 함을 강조하려는 것이었습니다. 이와 같은 전환은 훨씬 일찍부터 시작될 수도 있습니다. 이를테면, 결혼하지 않은 여인이 어느 날 자신이 더 이상 결혼하기 어려운 나이가 되었음을 인정할 때입니다. 혹은 한 남자가 자신이 잘못된 길을 걸어왔음을 깨닫는 순간입니다. 그는 타고난 예술적 재능이 있었으나 가족들의 압력 때문에 안정적인 사무직 일을 하며 평생을 살아왔습니다. 이제 그는 자신이 하는 일에 싫증이 나고 죄책감마저 느끼지만 예술 방면에서 일을 시작하기에는 이미 늦었습니다.

이런 전환점에 서 있는 사람들로 하여금 현실을 명확히 보도록 돕기란 쉽지 않습니다. 그들이 단호히 거절해야 하는 것은 무엇일까요? 아직 이루지 못한 소망을 실현하기 위해 얼마나 결연한 변화를 그에게 요구해야 하는 것일까요? 간절히 바라던 목표를 이제라도 이루기 위해 가지고 있는 모든 것을 걸어야 하는 것일까요? 그만한 가치가 없을 수도 있는 일에 성공을 바라며 현재의 모든 것을 거는 것은 어리석은 모험이 아닐까요? 여러 가지 선택 앞에서 그는 오랫동안 주저할지 모릅니다.

이렇게 갈등하는 것은 기본적으로 무엇이 충만한 인생인지에 대한 서로 다른 두 가지 개념, 곧 여름의 개념과 가을의 개념이 충돌하기 때문입니다. 우리가 이 문제로 갈등하고 있는 동안에도 인생은 계속 흘러갑니다. 어느 날 여인은 더는 아이를 가질 수 없다는 사실을 깨닫게 됩니다. 남자는 젊은 시절부터 준비해 온 철학 교수가 될 수 없음을 알게 됩니다. 인생의 가을이 이미 온 것입니다.

우리는 시간을 되돌릴 수 없습니다. 질병 때문에 오랫동안 활동 현장에서 물러나 있던 사람들은 이 점을 아주 잘 알고 있습니다. 만일 그들이 병에서 회복되고 나서 그동안 잃어버린 세월을 되찾고자 자기 나이를 인정하지 않고 살려 한다면, 그들은 과거를 되찾기는커녕 현재마저 잃어버리게 될 것입니다. 우리가 실패를 인정하지 못할 때도 마찬가지입니다. 그것은 순전히 나이의 문제입니다. 만일 어떤 젊은이가 자기 나이에 맞는 즐거움이나 야망을 두고서 그런 것들은 한시적일뿐더러 영원의 관점에서 볼 때 가치가 없다는 이유로 경멸한다면 정말 안타까운 일일 것입니다. 마찬가지로 노년기에 접어

든 사람이 어느 한 사건에 의해 인생의 성공이 절대적으로 좌
우되는 양 이루지 못한 소망에 집착하고—설령 그 사건이 어느
정도 가치가 있다 하더라도—다른 모든 노력은 부질없다고 생
각한다면, 앞서 말한 젊은이와 마찬가지로 바람직하다고 할
수 없습니다.

  복음서에서도 성공의 계절과 패배의 계절을 모두 볼 수 있
습니다. 예수께서는 성공과 실패 이 두 계절 모두를 회피하지
않고 완전하게 사셨습니다. 우선 갈릴리에서의 삶은 대성공
이었습니다. 그로 인해 점점 더 많은 무리가 희망을 품고 그
분 주위에 모여들었습니다. 무리가 하나님의 뜻과 반대로 그
분을 이 땅의 왕으로 세우려 했을 때, 예수께서는 그들의 요구
를 거절하셨습니다. 그리스도는 수난을 당하시고 버림받으셨
습니다. 그분은 단순히 무리에게서 실패를 경험하신 것이 아
니라 자신의 제자들, 그분을 버리고 도망친 제자들에게서 실
패를 경험하셨습니다. "나의 하나님, 나의 하나님! 어찌하여
나를 버리셨나이까?"(마 27:46)

성공에는 그 나름의 의미가 있기에 성공의 가치를 폄하할 생각이 없습니다. 하지만 실패에도 나름의 의미가 있고 어쩌면 성공보다 깊은 의미가 있습니다. 실패도 의미가 있는 것은 그것이 합력하여 하나님의 뜻을 이루기 때문입니다.

실패에 의미가 있다는 것보다 더욱 놀라운 것은 성공에 위험이 내재해 있다는 사실입니다. 수많은 사람과 민족이 연승의 행진을 하다가 돌연 파국을 맞은 역사에서 이를 볼 수 있습니다. 반면, 조지프 폴리에(프랑스의 사회학자)가 영국을 두고 재미있게 한 말처럼, "영국은 조용히 패배만 거듭하다가 결정적으로 승리하고 말았습니다." 우리는 안정감이 얼마나 위험한지 깨달을 필요가 있습니다. 저는 최근 핀란드에 다녀왔는데, 위험에 시달리는 나라들에 갈 때마다 진실로 우리 스위스를 위협하는 것이 무엇인지 알게 됩니다. 다름 아닌, 번영과 안정입니다.

핀란드에서는 많은 사람들이 저 끔찍한 "겨울 전쟁"(1937년 핀란드와 소련 사이에 벌어진 전쟁) 때가 그립다고들까지 합니

우리는 시간을 되돌릴 수 없습니다.
자기 나이를 인정하지 않고 살려 한다면,
그들은 나이를 되찾기는커녕
현재마저 잃어버리게 될 것입니다.

다. 국민 모두가 영웅처럼 용감했고 일치단결하여 백배나 강한 적과 맞서 싸웠던 시절이 그립다는 뜻입니다.

번영은 때 이른 급격한 노화를 불러옵니다. 번영이 가져오는 노화는 내적 성숙이나 가치 체계가 깊어진 결과이기보다는 따분함과 생명력이 고갈된 데서 오는 결과입니다. 우리는 사람들이 스스로 설정한 목표를 성취하자마자 순식간에 무너져 내리는 것을 가끔 봅니다. 어떤 관리는 공무원 생활을 하는 동안 최고의 자리에 오르기를 간절히 바라며 노력했습니다. 승진하는 데 생각 이상으로 긴 시간이 걸렸습니다. 그런데 그렇게도 바라던 자리에 임명된 다음 날, 그는 병이 들어 자리에 눕고 말았습니다. 그는 자신이 병에 걸린 것이 우연이 아니라는 것을 분명 알고 있었을 것입니다.

또 다른 사람은 여러 해 동안 소송 문제로 법정 다툼을 벌여 왔습니다. 소송에 이겨 공정한 판결을 받아 내는 것이 그의 인생 목표였습니다. 하지만 소송 과정에서 예기치 않은 일이 얼마나 많이 일어나고 재판이 지연되는 일은 또 얼마나 많은

지 아무도 알 수 없습니다! 마침내 승소했을 때, 그는 승리의 기쁨을 맛볼 것으로 예상했으나 도리어 큰 공허감에 사로잡혔습니다. 이제 그는 남아 있는 힘도 없고, 아무 목표도 없으며, 어떤 일에도 흥미가 없습니다. 삶의 목표 같은 것은 아예 상실한 듯 보입니다. 소송에서 이기는 것이 인생 목표가 되어 그의 온 삶을 집어삼켰기에 소송에서 이기고 나니 인생의 목표가 사라져 버린 것입니다. 과연 그는 적당한 때에 자신의 가치 체계를 재검토할 수 있을까요? 이제껏 헤쳐 온 소송 결과들을 반추하는 것 말고, 인생의 의미를 다시 검토할 여력을 회복할 수 있을까요? 알 수 없습니다.

자신의 가치 체계를 재검토할 시간은 때 이른 죽음을 맞이하지 않는 한 모든 사람에게 찾아옵니다. 하지만 이 시기를 성공적으로 맞아들이는 사람은 많지 않습니다. 사람들 대부분이 침울한 기분에 잠겨 이미 끝나 버린 인생의 여름을 그리워하고, 인생의 환멸 앞에 저항하고, 그도 아니면 이미 지나간 아름다운 시절을 추억하는 말을 끝없이 늘어놓습니다. 자기만족과 원망, 이 두 가지는 노년기를 망치는 주범입니다. 따라서 성인기를 행복하게 보냈다 하더라도 노년기를 실패하면 인생을 충만하게 살았다고 느끼기 어려울 것입니다. 융이 말한 것처럼, 인생의 아침과 같은 방식으로 인생의 저녁을 살 수는 없는 것입니다.

칼프리트 폰 뒤르크하임 교수(독일의 철학가, 심리치료사)가 최근 자신을 찾아온 어느 노인에 대해 이야기했습니다. 그 노인은 젊은 사람들조차 오르기를 포기한 산을 자신이 등반했다고 환한 표정으로 자랑스럽게 말했습니다. 뒤르크하임 교수는 그 노인에게 "그런 일은 불필요한 허세입니다" 하고 단호히 말했다고 합니다. 노인이 수긍하지 않자 그는 이런 설명을 덧붙였답니다. "결국 단념해야 할 행동을 자연 법칙을 거슬러 잠깐 행사했다고 해서, 그것이 도대체 무슨 의미가 있습니까?" 만일 인생의 기쁨이 그런 영웅적인 행동을 하는 데 달려 있다면, 그러한 기쁨은 무서운 속도로 달려오는 절망이라는 형벌을 진작 받았어야 마땅합니다.

그렇습니다. 그것은 변화를 거절하는 또 다른 방법일 뿐입니다. 참행복은 언제나 내면의 깊은 조화와 결부되어 있습니다. 이는 자신의 나이를 인정하는 것을 말합니다. 성인이 되어서는 자신이 더 이상 어린아이가 아니라는 사실을 인정해야 하고, 나이가 들어 노인이 되어서는 전처럼 활발한 활동은 단념해야 합니다. 노년은 은퇴하는 시기입니다. 은퇴는 어떤 사람에게는 멋진 경험이 될 수 있지만 어떤 사람에게는 혹독한 시련입니다. 왜 그럴까요? 부분적으로 기질의 차이에 기인하는 면이 분명 있습니다. 그렇지만 더 많은 경우, 다른 이유가 있습니다. 은퇴로 인해 탄식하는 사람들은 일반적으로 그 전에 자신이 하던 일에 대해 불평하며 그 일에서 해방되기를 동경하던 사람들입니다! 결국 마음가짐의 문제입니다. 참으로 성숙했는지 못했는지의 문제인 것입니다. 우리가 아직 대답해야 할 진지한 질문이 남아 있습니다. "인생이란 무엇인가?" 하는 질문입니다.

우리는 인간에 관한 이 연구에서 자연이 한 계절에서 다음

계절로 옮겨 가는 것처럼 인간을 끊임없이 변화하며 발전하는 존재로 보려고 했습니다. 여기서 당연히 다음과 같은 물음이 생겨납니다. "이 발전이 맹목적인 것은 아닌가? 우연에 따라 목적 없이, 아무 성과 없이 돌아가는 자동기계장치 같은 것은 아닌가? 그게 아니라면, 이러한 변화는 우리를 어떤 곳으로 인도해 가며 인생 전반에 어떤 의미를 부여해 줄 것인가?" 우리는 인생의 여름을 지내는 동안에는 이런 질문을 하지 않습니다. 그 시기에 우리는 많은 일을 완수하고 | 인간의 욕망과 양심, 본능의 발현과 함께 나타나는 | 자연이 부여한 목표를 성취하는 데 열중할 뿐입니다.

CHAPTER 6

인생의
의미

❊
☼
◈
❄

나이가 들수록 시간은 점점 더 줄어드는 자산처럼 보입니다. 그리고 시간의 흐름은 알렉시 카렐(1912년 노벨 생리학 의학상을 받은 프랑스 의사)이 설명한 대로 생리학적 메커니즘에 따라 그 속도가 계속 빨라지는 것 같습니다. 나이를 먹을수록 앞에 남은 시간은 더욱 짧게만 느껴집니다. 설령 앞으로 이십 년이 남았다 하더라도 짧아 보입니다. 이십 년이면 어린아이의 눈에는 한없이 긴 시간인데도 말입니다. 이처럼 시간이 짧게 느껴지는 현상은 우리 몸의 근력이 떨어지기 시작하는 시점과 맞물려 일어납니다. 이때가 되면 얼마 전까지 손쉽게 해치우던 일들을 하나둘 내려놓아야 합니다. 제가 이런 주제로 책을 쓰도록 요청받은 것은 결코 우연이 아니라고 생각합니다. 저도 막 예순 살을 넘겼기 때문입니다. 저는 벌써부터 일의 능률이 떨어지는 것을 느낍니다. 아직은 환자들을 돌볼 수 있고 앞으로 책을 몇 권 더 쓸 수 있겠지만, 그런 것들이 제 인생 전체에 큰 영향을 주지는 못할 것입니다.

주사위는 이미 던져졌습니다. 그동안 제가 배우고 일하고 얻을 수 있던 것들은 점점 그 가치를 잃어 가고 있습니다. '행위와 소유'가 '존재'에 그 자리를 내주고 있습니다. 노인에게 중요한 것은, 아직 뭔가를 할 수 있다든지 하는 것이 아닙니다. 이제껏 모았으나 그 자신이 가져갈 수 없는 재산도 아닙니다. 노인에게는 현재 내가 어떠한 사람인지가 중요합니다. 자신이 벌써 쓸모없는 인간이라는 두려운 감정, 노인들의 마음을 아프게 하는 감정의 원인이 바로 여기에 있습니다. 효율과 행동 지상주의를 내세우는 근대 서구 문명의 사고 방식 전반이 노인들을 궁지로 내몰고 있습니다. 고대 그리스인들은 우리보다 훨씬 연장자들을 존중했습니다. 지혜의 화신인 네스토르(트로이 전쟁에 참가한 그리스군의 가장 현명하고 나이든 장로)를 생각해 보십시오. 그리스인들에게 행동이란 그 무엇보다 지혜에 이르는 방편이었습니다.

당시 그리스 인구 가운데 노년층이 현대에 비해 훨씬 적었기 때문에 상대적으로 노인들을 존중하기가 지금보다 한결 쉬웠다는 점을 염두에 두고 보아야 공정할 것입니다. 그렇다 하더라도 현대 세계는 가치 기준을 재검토할 필요가 있지 않을까요? 최소한 '행동'이 여름의 가치 기준이라고 한다면, 가을을 평가하는 기준은 그와는 달라야 하지 않을까요? 의학의 발달 덕분에 사회가 점점 더 고령화될수록 노년기의 가치를 근본에서부터 본질적으로 재발견할 필요가 있습니다. 그렇지만 노인들이야말로 자신을 은퇴해 버린 어른으로만 볼 것이 아니라 이 비밀을 스스로 발견해야 하는 것 아닐까요?

제가 본질적으로 재평가해야 한다고 말한 것은, 모두가 아는 바와 같이 노인을 위한 새로운 인생 목표나 그들을 위로할

거리를 찾아내는 것으로는 충분하지 않기 때문입니다. 우리
가 발견해야 하는 것은 인생의 참의미입니다. 권위에 순종하
며 학업에 힘쓰는 것이 유년기의 법칙이고, 자주적으로 선택
하고 행동하는 것이 성인기의 법칙인 것처럼, 인생의 참의미
를 찾는 것은 노년기의 법칙입니다. 저는 오래전부터 나이든
분들에게 특별한 호의를 느껴 왔고 그들을 상대하는 일이 즐
거웠습니다. 그들에게 가까이 있으면, 점점 다가오는 죽음 앞
에서 그들이 정립하는 새로운 가치 기준을 목격함으로써 나
자신이 영속적인 참된 가치를 가려 낼 수 있을 것이라고 생각
했기 때문입니다. 인생이 선택이고 성인기에 그 선택의 중요
성이 훨씬 중해진다면, 삶이 궁핍해지고 이 땅의 보물들이 빛
을 잃는 노년기에는 선택이야말로 최고의 소명이 됩니다.

　이때가 되면 기술 및 과학에 따른 의학은 점점 효력을 잃고
사람이 돌봐 주는 것이 긴요해집니다. 노인들은 여러 가지 육
체적 병에 시달리게 되는데 비타민과 호르몬제를 처방하는
것 외에는 딱히 손을 쓸 수 없습니다. 과장해서 드리는 말이

아닙니다. 환자의 시력을 잠시나마 연장해 주기 위해 노력하는 안과의사의 수고와 그런 노력이 성공했을 때 그가 누릴 기쁨, 또 이비인후과 전문의가 환자의 청력을 좀 더 살려 주기 위해 들이는 수고에 대해 과소평가하려는 것이 아닙니다. 그렇지만 읽거나 듣는 능력이 감각 기관 자체의 상태에 좌우되기보다는 환자의 내적 상태에 좌우되는 날이 머지않아 찾아올 것입니다.

그리고 서서히 사라져 가는 신체 기관의 능력을 의학의 힘으로는 제한적이고 한시적으로밖에 되살려 줄 수 없다고 판명이 나면, 의학은 사람을 가장 큰 환멸에 빠지게 합니다. 인생의 가을에도 물구나무를 설 수 있는 사람들이 일부 있기는 하지만, 그런 일은 그리 기뻐할 만한 일이 못됩니다. 그런 것은 도리어 조화를 깨뜨리고 지금보다 힘든 내일을 예상하게 해줍니다. 계속 일할 수 있다고 자신을 속이기 위해 은퇴 후에도 매일같이 사무실로 출근하는 사업가들의 모습은 안타깝기 그지없습니다! 그의 주변 사람들은 그가 없이도 회사가 돌아가는데도 그가 여전히 필요한 사람임을 보여 주기 위해 모두가 이 연극에 동참합니다.

그는 지금 자신에게 주어진 노년의 시간을 낭비하고 있다는 것을 모르는 것일까요? 과거에 집착하여 활동할 수 있는 시간을 최대한 연장해 보려는 노력은 노년을 부질없이 흘려버리고 마는 것입니다. 마땅히 바쳐야 할 일에 노년을 바치지 않기 때문입니다. 의학적 효력이 나타나지 않을 그때에, 환자가 새로운 단계로 나아가도록 도와주고 퇴행하지 않도록 지켜주는 것이 의사가 할 일입니다. 우리 의사들의 임무는 마지막까지 사람들을 돕는 것입니다. 우리는 그들의 성장을 돕고 나이 드는 것을 도와주어야 합니다. 새로운 시기로 옮겨 간다는 것은 인생의 참의미를 묻는 질문을 회피하지 않고 직면하는 것을 말합니다. 행동의 시기에 인간이 발견한 답들은 '너무 쉬운' 것이어서 이 새로운 시기에는 더 이상 유효하지 않습니다. 그는 이제 뒤를 돌아보지 말고 앞을 주시해야 하며, 과거로부터 해방되어야 합니다. 어린아이가 어른이 되기 위해서는 자신의 유치한 삶의 방식에서 떠나야 하고, 젊은이가 결혼을 하기 위해서는 부모를 떠나야 하듯이, 노년기에 접어든 사람이 다시 한 번 성숙해지고 의미 있는 가을을 살아가기 위해서는 성인기까지의 사고방식에서 벗어나야만 합니다.

　노년기의 과제는 과거를 경멸하지 않고 오히려 과거로부터 교훈을 찾아내는 것입니다. 현재도 가치 있는 교훈, 과거에서 멀어질수록 그 가치를 더해 가는 교훈을 찾아내는 것입니다. 이 시기는 인간이 자기 인생을 돌아보면서 인생에서 무엇이 가치 있는가 하는 수수께끼를 풀어야 하는 시기입니다. 전쟁터와 같은 성인기 한복판에서보다 훨씬 평온해진 마음으로 인생을 바라보며 그 가치를 풀 수 있는 시기입니다. 우리 의사들을 찾아와 자신의 인생 이야기를 털어놓는 분들을 만날 때마다 저는 이런 생각을 합니다. 사람들이 고백하는 인생 이야기는 의식적이든 무의식적이든 가치 판단에 영향을 받아 변형되고 균형을 잃습니다. 자신이 살아온 인생을 일일이 이야기할 수는 없습니다. 그렇게 하려면 실제로 인생을 살아온 시간보다 더 많은 시간이 필요할 것입니다. 설령 그렇게 말하더라도, 인생 이야기는 어느 정도 왜곡이 불가피합니다. 방대한 인생 경험을 명료하게 파악한다는 것은 지극히 어려운 일이 아닐 수 없습니다!

인생 전체를 파악할 수 없기 때문에 불가피하게 선택이 필요합니다. 구스도르프(독일 철학자)가 지적한 것처럼, 우리 인생에 일어나는 일들이 모두 똑같은 가치를 지니는 것은 아닙니다. 일기장에다 모든 것을 꼼꼼히 기록하려는 사람은 끝없이 일기장을 채워 가겠지만 그것으로 자기 자신에 대한 바른 이해를 얻을 수는 없습니다. 아무리 깔끔하게 정돈되었다 하더라도, 인생의 풍요는 우표 수집장처럼 한없이 사건을 나열하는 데 있는 것이 아닙니다. 오히려 인생의 부요는 한 사람의 인생이 새로운 방향으로 전환되는 결정적인 선택의 순간에 있습니다. 어느 누구의 인생에나 다른 순간들보다 더 중요한 특별한 순간이 있습니다. 그것은 그 특정 순간에 자신의 입장을 결정하고 헌신하고 결정적인 선택을 했기 때문입니다. 헌신할 때 한 사람의 인격이 만들어집니다. 헌신할 때 자신의 인간성이 나타나게 됩니다.

그런데 이러한 인생의 전환점은 드물게 보입니다. 그 전환은 우리가 거의 의식하지 못하는 중에 서서히 일어나는데, 장시간에 걸친 위기 속에서 천천히 무르익거나 무의식에서 작용하다가 전광석화처럼 불현듯 의식의 수면 위로 터져 나오기도 합니다. 하지만 이 전환의 본질적인 특징을 이해하려 할 때 우리는 그것이 항상 만남임을 발견합니다. 그것은 어떤 사상과의 만남일 수도 있고, 어떤 사람과의 만남일 수도 있습니다. 어떤 경우든, 그 만남 앞에서 사람은 중립적으로 남아 있을 수 없습니다. 그는 입장을 결정하고 책임을 지고 헌신해야 합니다.

인생의 방향을 송두리째 바꿔 버릴 여인과의 만남일 수도 있습니다. 완전히 솔직할 것을 전제하는 사랑의 속성이 남자로 하여금 자신의 참모습을 숨김없이 드러내게 만들 것이기 때문입니다. 또한 그것은 마음에 새겨져 평생 잊히지 않을 한

마디 말을 해준 친구와의 만남일 수도 있습니다. 또 그것은 책 한 권과의 만남일 수 있고, 영화나 자연 현상과의 만남일 수 있고, 어떤 철학자나 설교자와의 만남일 수도 있습니다. 특정한 만남을 통해 우리는 인생을 걸어야 할 것이 무엇인지 불현듯 알게 되며, 그것이 인생에 의미와 창조적인 힘을 부여해 줍니다.

우리가 느끼든 느끼지 못하든, 이러한 만남의 배후에는 하나님과의 만남이 있습니다. 이는 너무도 분명합니다. 심지어 어떤 사람이 공산주의에서 자기만의 복음을 발견하고 그 후로 그 사상에 자신의 몸과 영혼을 바치려는 순간도 그렇습니다. 저는 여기서 사람들 간에 다툼을 일으키는 교리나 충성의 문제 같은 것을 넘어서, 인간 고유의 경험이 무엇인지 파악하려고 합니다. 그 인간 고유의 경험이란 자기 인생의 의미를 찾아내서 자신의 온 삶을 그 의미에 따르게 하려는 절박한 필요를 말합니다. 이 필요와 내적 갈망은 하나님에게서 온 것입니다. 인간이 만든 어떤 이념이나 교리나 가르침도 모두 시들어 버립니다. 어떤 이상도 결국 낡아 버립니다. 오직 살아 계신 참 하나님만이 변함없으십니다.

그렇기 때문에 살아 계신 하나님과의 만남은 인간이 경험할 수 있는 가장 위대한 사건이며 최고의 인간 경험입니다. 이러한 만남이 일어나는 상황이나 형식은 무한히 다양할 수 있습니다. 하지만 이 만남은 예상 밖의 일이기에, 항상 하나님께서 주도권을 쥐고 행하시는 일임을 확신하지 않을 수 없습니다.

며칠 전, 성 금요일에 편지를 한 통 받았습니다. 저의 내담자인 그녀는 매년 성 금요일이면 제게 편지를 보내옵니다. 어느 성 금요일, 그녀 혼자서 방 안에 있을 때 무슨 특별한 일이 있었던 것도 아닌데 갑자기 하나님의 임재가 충만하게 다가왔다고 합니다. 당시 저는 그녀를 돌보고 있었는데, 여러 해 동안 별다른 차도가 없었습니다.

제가 알지 못하는 한 여인이 보내온 편지가 하나 더 있습니다. 미국에서 온 편지입니다. 그녀는 유럽을 떠나기 직전, 어째서 그랬는지 까닭은 모르지만, 제가 쓴 책 한 권을 여행가

방에 챙겨 넣었고 비행기에 올라서는 손에 잡히는 대로 몇 페이지를 넘겨 보았다고 합니다. 그녀가 제게 편지를 보낸 것은 그 때문이었습니다. 대서양 상공에서 그녀에게 큰 변화가 일어났는데, 그 변화에 제 책이 무슨 영향을 주었다고 저는 생각하지 않으며 그녀도 그렇게 생각하지 않았습니다. 그녀는 수년간 만난 모든 교양 있는 사람들에게 "하나님은 어떤 분인가

하나님과의 인격적인 만남은
인간 존재의 가장 큰 사건이 됩니다.
그 만남만이 인생의 의미에
투명한 빛을 비춰 줍니다.

요?"라는 질문을 계속 던졌지만 만족스런 답변을 듣지 못했다고 합니다. 물론 제 책도 그녀에게 만족할 만한 답을 주었을리 없습니다. 저는 하나님은 이런 분이라고 쓴 적이 없기 때문입니다.

이제 우리는 모든 토론이나 입장에 관한 논쟁을 넘어, 인격의 영역에 와 있습니다. 앞서 말한 그 여인이 비행기 안에서

불현듯 경험한 것은 하나님의 인격적인 임재였습니다. 그녀
는 편지에 쓰기를, 미국 땅에 발을 디딜 때 완전히 새로운 사
람이 되어 있었으며 이후로는 사람들에게 "하나님은 어떤 분
인가요?"라는 질문을 하지 않았다고 합니다.

　신학이나 철학적 논쟁으로 보자면, 이 같은 연구는 행동의
시기인 성인기와 관련된 일일 것입니다. 하지만 어느 연령대
에 일어나든, 하나님과의 인격적인 만남은 인간 존재의 가장
큰 사건이 됩니다. 그 만남만이 인생의 의미에 투명한 빛을
비춰 줍니다. 그러한 만남은 사무엘의 경우처럼 유년기에 일
어날 수도 있고, 베드로의 경우처럼 완전한 성인기, 직업적으
로 왕성히 활동하는 중간에 일어날 수도 있습니다. 어떤 경우
든 이 만남은 항상 결정적인 경험이 됩니다. 노년기의 사람들
은 시므온처럼 이렇게 말할 수 있습니다. "주재여, 이제는 말
씀하신 대로 종을 평안히 놓아 주시는도다. 내 눈이 주의 구
원을 보았사오니"(눅 2:29—30)라고 말입니다.

　하나님과 그분의 은혜 그리고 그분의 구원을 아는 것, 이것

이 인생의 의미입니다. 칼뱅은 교리문답 맨 앞에 이렇게 썼습니다. "인간의 제일가는 목적은 무엇입니까? 하나님을 아는 것입니다. 인간의 가장 큰 기쁨은 무엇입니까? 그 또한 하나님을 아는 것입니다."

이제 여러분은 인생을 사계절로 나누는 경계가 모호해진 것을 알 것입니다. 우리는 인생 전체를 한눈에 보게 되었으며, 그 인생은 이미 부활을 향해 나아가고 있습니다. 우리는 어린 시절에 순종하며 배움으로써 하나님을 알게 될 수도 있고, 장년이 되어 왕성히 활동하는 중에 하나님을 알게 되기도 하고, 은퇴한 뒤 노년의 묵상 속에서 하나님을 만나기도 합니다. 이처럼 하나님을 아는 것은 인생의 어느 단계에서든 모두 가능한 일입니다.

저는 어렸을 때 하나님을 알았습니다. 물론 그 지식은 무척 소박했지만, 저를 이끌어 주신 하나님께 감사를 드립니다. 하지만 유년기의 이 지식이 하나님에 대한 몇 가지 추상적인 생각 ㅣ 그 생각들이 아무리 옳다 하더라도 ㅣ 을 넘어 성장하기 위해서는 혁명적인 전환이 필요했습니다. 저는 성인이 되어 왕성히 활동하는 중에 그분을 만났습니다. 영감이 충만한 사람들과의 대화를 통해서였습니다. 그들은 저의 하루하루의 삶과 저의 가정과, 의사로서 제가 하고 있던 일을 하나님의 빛 아래로 이끌어 주었습니다. 그 이후로 예수 그리스도는 매일 제 삶의 보이지 않는 동행자가 되어 주셨고, 저의 모든 성공과 실패의 증인이 되어 주셨으며, 기쁨과 슬픔의 때에 신뢰할 수 있는 친구가 되어 주셨습니다. 그분과 함께 이 삶을 살아가면서 하나님을 아는 지식은 계속 두터워지고 명확해집니다. 마지막으로 바라는 것이 있다면, 제가 행동할 수 있는 시간이 끝났을 때 이 지식의 부요함 속으로 더 깊이 들어가는 것입니다.

의심할 것 없이, 인생의 부요는 여기 이 땅에서 완전히 얻을 수 없습니다. 그렇지만 이 땅에서 시작합니다. 성 바울은 이렇게 썼습니다. "우리가 지금은 거울로 보는 것같이 희미하나"(고전 13:12).

하나님께서는 제가 태어나기 전에 저를 온전히 아셨지만,

저는 바울과 마찬가지로 죽음의 거울 너머에서 얼굴과 얼굴을 마주하며 그분을 온전히 알게 될 것입니다. 그래서 우리는 담담한 마음으로 죽음이 다가오는 때를 가을에서 겨울로 옮겨 가는 것에 견줄 수 있습니다. 우리 의사들은 인간이 태어날 때 이 세상에 그를 받아들이는 최초의 사람이자 인간이 마지막 숨을 거둘 때 죽음의 문 앞까지 성실하게 그와 동행하는 큰 특권이 있습니다. 우리는 이 모든 길이 의미 있고 이 길의 끝에 우리에게 이미 계시된 신비한 충만함이 있음을 아는 큰 특권을 가진 사람들입니다. 🐚

인생의 사계절(큰글판)

초　판 1쇄 인쇄 2013년 2월 4일
개정판 1쇄 인쇄 2021년 1월 15일
개정판 2쇄 발행 2024년 3월 8일

지은이 폴 투르니에
옮긴이 박명준
펴낸이 정선숙

펴낸곳 협동조합 아바서원
등록 제 274251-0007344
주소 경기도 고양시 덕양구 원흥동 삼원로51, 원흥하이필드 지식산업센터 606호
전화 02-388-7944　**팩스** 02-389-7944
이메일 abbabooks@hanmail.net

©협동조합 아바서원, 2021

ISBN 979-11-90376-18-1 00230